1 Erste Schritte nach dem Erbfall

1. Welche Stellen müssen als Erstes benachrichtigt werden?

a) Benachrichtigung eines Arztes

Der Erbfall tritt mit dem Tod der verstorbenen Person ein. Bei jedem Todesfall muss eine Leichenschau durch einen Arzt durchgeführt werden. Der Arzt muss dabei den Tod des Verstorbenen feststellen und sowohl die Todesursache als auch den Todeszeitpunkt in der **Todesbescheinigung (Totenschein)** dokumentieren.

Bei einem Todesfall **in der eigenen Wohnung** muss daher zunächst ein Arzt kontaktiert werden. Wird der Notarzt hinzugezogen, stellt dieser in der Regel eine **vorläufige Todesbescheinigung** aus. Die Ausstellung der **amtlichen Todesbescheinigung** übernimmt dann der Hausarzt oder ein rechtsmedizinisches Institut, in das der Leichnam überführt wird.

Bei Todesfällen **im Krankenhaus** oder in Pflege- und Altenheimen kümmert sich das zuständige Personal um die Ausstellung des Totenscheins.

Soll der Verstorbene im Rahmen einer **Feuerbestattung** eingeäschert werden, ist eine zweite Leichenschau gesetzlich vorgeschrieben, da etwaige Anzeichen für eine unnatürliche Todesursache nach der Kremierung nicht mehr festgestellt werden können.

Bei Verdacht auf einen **unnatürlichen Tod** (z. B. durch ein Tötungsdelikt, aber auch durch Selbstmord) muss die Polizei eingeschaltet werden. Dies geschieht in der Regel durch den Arzt, der den Totenschein ausstellt. Wichtig ist hierbei, dass die Bestattung in diesen Fällen erst vorgenommen werden darf, wenn die Untersuchungen abgeschlossen sind und die Staatsanwaltschaft den Freigabeschein erteilt hat.

b) Benachrichtigung eines Bestatters

In Deutschland gilt eine **Bestattungspflicht**, die vom Bestattungspflichtigen erfüllt werden muss. Die Bestattungspflicht ist eine öffentlich-rechtliche Verpflichtung. Durch eine Ausschlagung der Erbschaft (siehe S. 13) kann sich der Bestattungspflichtige nicht von dieser Pflicht lösen.

Den Umfang der Bestattungspflicht und die hierfür verantwortlichen Personen regeln die Bestattungsgesetze der Bundesländer. Dort ist zumeist geregelt, dass sich die Angehörigen darum kümmern müssen. Der Erbe ist nicht zwingend bestattungspflichtig.

Von dieser öffentlich-rechtlichen Verpflichtung ist das **Totenfürsorgerecht** abzugrenzen, also das Recht, über den Leichnam und die Bestattung zu bestimmen. Das ist ein privates Recht. Der Erbe ist nicht automatisch totenfürsorgeberechtigt. Entscheidend ist, wem der Erblasser das Totenfürsorgerecht übertragen hat, wenn er denn eine Regelung getroffen hat. Hat der Erblasser die Art und den Ort seiner Bestattung nicht festgelegt, z. B. in Form einer Bestattungsverfügung (siehe S. 45), entscheiden die Bestattungspflichtigen bzw. Totenfürsorgeberechtigten.

In Deutschland gilt praktisch ein Friedhofszwang. Ausnahmen, wie beispielsweise bei einer Seebestattung, sind möglich.

In wie vielen Tagen die Bestattung durchgeführt werden muss, ist durch gesetzliche Fristen der einzelnen Bundesländer geregelt. Sie liegt zwischen vier Tagen (so z. B. in Baden-Württemberg) und zehn Tagen (so z. B. in Brandenburg) nach dem Tod. Daher sollte der Bestatter zeitnah kontaktiert werden.

c) Benachrichtigung des Standesamts

Der Tod eines Menschen muss dem zuständigen Standesamt spätestens **am dritten auf den Tod folgenden Werktag** angezeigt werden (§ 28 Personenstandsgesetz). Das Standesamt stellt dann die **Sterbeurkunde** aus. Zuständig ist das Standesamt der Gemeinde, in dessen Bezirk der Sterbefall eingetreten ist.

Zur **Anzeige beim Standesamt** ist eine der folgenden Personen in dieser Reihenfolge verpflichtet:

- jede Person, die mit dem Verstorbenen in häuslicher Gemeinschaft gelebt hat,
- die Person, in deren Wohnung der Sterbefall eingetreten ist,
- andere Personen, die beim Tod anwesend waren oder aus eigenem Wissen davon Kenntnis erlangt haben.

Erbfall – was nun?

Was ich als Erbe beachten muss

C.H.BECK

Vorwort

Der Eintritt eines Erbfalls ist bereits emotional eine Herausforderung für die Angehörigen des Verstorbenen. Erschwerend kommt hinzu, dass man sich im Erbfall neben der Trauerbewältigung auch mit organisatorischen und rechtlichen Fragen beschäftigen muss, die den Betroffenen meist nicht geläufig sind.

Mit dieser Broschüre möchten die Autoren eine Hilfestellung geben, was nach einem Erbfall alles zu regeln ist und was beachtet werden muss. Neben organisatorischen Aspekten sollen vor allem die rechtlichen Gesichtspunkte, mit denen die Autoren als FachanwältInnen für Erbrecht häufig konfrontiert sind, verständlich erläutert werden. Dabei geht es in erster Linie um die notwendigen ersten Schritte nach dem Erbfall, um die Erbengemeinschaft, das Vermächtnis, den Pflichtteil und die Testamentsvollstreckung, aber auch um das besonders praxisrelevante Thema der Testamentsvollstreckung im Erbfall. Die wichtigsten steuerrechtlichen Aspekte nach dem Erbfall und notwendige Überlegungen vor dem Erbfall runden die Darstellung ab.

Im Juni 2023

Julia Roglmeier LL.M.
Rechtsanwältin und Fachanwältin für Erbrecht, München

Giuseppe Pranzo LL.M.
Rechtsanwalt und Fachanwalt für Erbrecht, Stuttgart

Inhaltsverzeichnis

Bei Sterbefällen in einem Krankenhaus, Alten- und Pflegeheim oder Gefängnis übernimmt der Träger der Einrichtung die Anzeige des Todes beim Standesamt. Ist ein Bestattungsunternehmen beauftragt, zeigt dieses den Sterbefall an.

d) Benachrichtigung des Nachlassgerichts

aa) Beim Nachlassgericht hinterlegtes Testament

Hat der Erblasser ein **eigenhändiges Testament** errichtet und beim örtlichen Nachlassgericht hinterlegt (sog. besondere amtliche Verwahrung), wird es im **Zentralen Testamentsregister** der Bundesnotarkammer in Berlin registriert. Das zuständige Standesamt informiert von sich aus das Zentrale Testamentsregister über den Todesfall. Dieses benachrichtigt das örtliche Nachlassgericht vom Todesfall und davon, dass es ein Testament gibt. Sollte sich das Testament noch bei einem anderen Nachlassgericht befinden, weil z. B. der Erblasser umgezogen ist, so wird dieses Gericht darüber informiert, dass es das Testament an das örtliche Nachlassgericht schicken muss.

Das Nachlassgericht wendet sich nun an die im Testament benannten Erben und benachrichtigt sie und auch die gesetzlichen Erben über den Erbfall. Es eröffnet automatisch alle bekannten Testamente und erstellt hierzu eine sogenannte Eröffnungsniederschrift. Für die Testamentseröffnung berechnen die Nachlassgerichte einmalig EUR 100. Zur Testamentseröffnung wird in der Regel niemand geladen.

→ HINWEIS

> Nur wenn dem Nachlassgericht ein Testament oder Erbvertrag vorliegt, werden die darin benannten und die gesetzlichen Erben automatisch vom Nachlassgericht informiert. Ansonsten erhalten die Erben keine Post vom Nachlassgericht! Auch verteilt das Nachlassgericht den Nachlass nicht. Das ist Aufgabe der Erben.

Das Nachlassgericht informiert das Grundbuchamt sowie das Finanzamt über den Sterbefall.

Notariell beurkundete Testamente werden vom Notar grundsätzlich in die besondere amtliche Verwahrung gegeben, also beim örtlich zuständigen Nachlassgericht hinterlegt.

bb) Pflicht zur Ablieferung eines Testaments

Jeder, der im Besitz eines Testaments ist, das nicht in die besondere amtliche Verwahrung gebracht wurde, **ist verpflichtet, es unverzüglich,** nachdem er von dem Tode des Erblassers Kenntnis erlangt hat, an das zuständige Nachlassgericht abzuliefern (§ 2259 BGB). Zuständiges Nachlassgericht ist das Gericht, in dessen Gerichtsbezirk der Erblasser seinen letzten Wohnsitz hatte.

⚠ ACHTUNG

> **Wer diese Ablieferungspflicht verletzt, macht sich unter Umständen wegen Urkundenunterdrückung strafbar.**

e) Benachrichtigung des Betreuungsgerichts

Stand der Erblasser unter rechtlicher Betreuung, **endet** die Betreuung mit dem Tod automatisch. Alle weiteren Angelegenheiten des Erblassers sind ab dem Tod **von den Erben zu übernehmen und fortzuführen.**

Der Betreuer hat nach Eintritt des Erbfalls seine sog. Bestallungsurkunde zurückzugeben. Er muss dem Betreuungsgericht den Tod des Betreuten mitteilen und die Angehörigen informieren, falls diese bekannt sind.

f) Benachrichtigung sonstiger Stellen

Der Tod einer Person sollte unter anderem folgenden Stellen und Behörden mitgeteilt werden:

- der Krankenkasse,
- dem Träger der gesetzlichen Unfallversicherung,
- dem Sozialamt, falls Sozialhilfe bezogen wurde,
- der Arbeitsagentur bzw. dem Jobcenter, falls Arbeitslosengeld bezogen wurde,
- der Deutschen Rentenversicherung,
- der Kfz-Zulassungsbehörde, falls der Verstorbene Kfz-Halter war,
- der Familienkasse, falls Kindergeld bezogen wurde,
- der Pflegekasse, falls Pflegegeld bezogen wurde,
- dem ARD ZDF Deutschlandradio Beitragsservice (früher GEZ) u. v. m.

Darüber hinaus sollte auch an die Benachrichtigung des Vermieters, des Arbeitgebers und der Banken des Erblassers gedacht werden.

Zudem sollten auch die Versicherer des Verstorbenen wie insbesondere die Lebensversicherung, die private Unfallversicherung oder die Sterbegeldversicherung umgehend benachrichtigt werden.

⚠ **ACHTUNG**

Die Frist für die Todesfallmeldung muss eingehalten werden! Viele Versicherte sind vertraglich verpflichtet, den Todesfall innerhalb von kurzen Fristen (meist 24 bis 72 Stunden) mitzuteilen, ansonsten drohen rechtliche und finanzielle Nachteile bis hin zum Ausschluss der Versicherungsleistung.

→ **HINWEIS**

Für die Angehörigen ist es sehr hilfreich, wenn ihnen detaillierte Informationen über den Verstorbenen zur Verfügung stehen. Es empfiehlt sich daher, die persönlichen Daten und weitere Informationen in einer Mappe oder Ähnlichem zu sammeln, wie z. B. in *„Meine Versorgemappe"*, die die Broschüren *„Vorsorge für Unfall, Krankheit, Alter"*, *„Vorsorge für den Erbfall"* und *„Vorsorge für den Notfall"* enthält und überall im Buchhandel für € 23.- erhältlich ist (Verlag C.H.BECK, ISBN 978-3-406-79822-1).

2. Welche Dokumente müssen beantragt werden?

a) Sterbeurkunde

Der Tod eines Menschen wird im **Sterbebuch des Standesamtes,** in dessen Bezirk er verstorben ist, eingetragen. Dieses Standesamt stellt dann die **Sterbeurkunde** aus. Dazu benötigt das Standesamt

- den Totenschein sowie
- die Personenstandsurkunden wie die Geburts- oder Heiratsurkunde, falls der Verstorbene verheiratet war.

☞ **TIPP**

Da viele Ämter, Behörden und auch private Unternehmen die Vorlage einer Sterbeurkunde verlangen, sollten die Hinterbliebenen gleich **mehrere Ausfertigungen** der Sterbeurkunde beim Standesamt beantragen. Eine Sterbeurkunde kostet zwischen 10 und 15 Euro. Werden mehrere Ausfertigungen beantragt, sind die Folgeausfertigungen günstiger.

Die Beantragung der Sterbeurkunde übernimmt in der Regel das beauftragte Bestattungsunternehmen. Diesem sollte zusätzlich auch

- der **Personalausweis** des Verstorbenen
- dessen **Krankenkassenkarte** und
- der letzte **Rentenbescheid**

überlassen werden. Denn das Standesamt benötigt den Personalausweis des Verstorbenen für die Ausstellung der Sterbeurkunde, die Krankenkassenkarte muss für die Kündigung der Krankenversicherung vorgelegt werden und die Rentenversicherungsnummer wird für die Abmeldung der Rente benötigt. All diese Aufgaben werden in der Regel vom Bestatter übernommen.

b) Erbschein

Der Erbe muss nach Eintritt des Erbfalls seine **Erbenstellung** nachweisen können. Insbesondere Banken, Versicherungen, Grundbuchämter und Behörden verlangen einen Nachweis der Erbenstellung. Der Erbschein dient diesem Nachweis. Er stellt das **amtliche Zeugnis der Erbfolge** dar.

Zuständig für die Erteilung des Erbscheins ist das Amtsgericht am letzten Wohnsitz des Erblassers, das als **Nachlassgericht** tätig wird. Da der Erbschein nicht automatisch erteilt wird, muss er **beantragt** werden. Der Antrag kann bei einem Notar oder in einem Termin beim Nachlassgericht gestellt werden. Wird ein Termin beim Nachlassgericht vereinbart, stellen die Nachlassgerichte in der Regel Vorbereitungsbögen zur Verfügung, die dann ausgefüllt zum Termin mitzubringen sind.

Zu einem Erbscheinsantrag berechtigt sind insbesondere die Erben des Verstorbenen, aber nicht nur diese. Hat der Erblasser in seinem Testament Testamentsvollstreckung angeordnet und einen Testamentsvollstrecker ernannt, kann auch der Testamentsvollstrecker den Erbschein beantragen.

Neben dem Erbschein, der dem Alleinerben erteilt wird, kommt der **gemeinschaftliche Erbschein** besonders häufig vor. Er weist das Erbrecht mehrerer Personen (Miterben) aus. Ein gemeinschaftlicher Erbschein kann von jedem Miterben beantragt werden. Daneben gibt es weitere Arten von Erbscheinen:

- den **Teilerbschein,** der das Erbrecht eines von mehreren Erben ausweist,
- den **gemeinschaftlichen Teilerbschein,** der das Erbrecht mehrerer, aber nicht aller Miterben ausweist,
- den **gegenständlich beschränkten Erbschein,** der mit Beschränkung auf im Inland befindliche Nachlassgegenstände erteilt wird, wenn zur Erbschaft auch Gegenstände gehören, die sich im Ausland befinden.

Für bestimmte Angaben im Erbschein ist die Abgabe einer eidesstattlichen Versicherung erforderlich. Daher ist der Erbschein bei einem Notar oder beim Nachlassgericht („zur Niederschrift des Nachlassgerichts"), in dessen Bezirk der Erblasser seinen letzten Wohnsitz hatte, zu beantragen, da die eidesstattliche Versicherung dort abgegeben werden kann.

TIPP

Die Beantragung des Erbscheins beim Nachlassgericht ist etwas günstiger als beim Notar, da das Nachlassgericht keine Umsatzsteuer erhebt. Die Kosten des Erbscheins richten sich nach dem Wert des Nachlasses (Schulden werden berücksichtigt).

BEISPIEL

Zum Beispiel betragen die Kosten bei einem Nachlasswert von EUR 200.000 EUR 870 beim Nachlassgericht und EUR 1.035,30 beim Notar, während sie bei einem Nachlasswert von EUR 500.000 EUR 1.870 beim Nachlassgericht und EUR 2.225,30 beim Notar betragen.

c) Europäisches Nachlasszeugnis

Das Europäische Nachlasszeugnis wird in den Fällen benötigt, in denen der nationale Erbnachweis in Form eines (deutschen) Erbscheins **in einem anderen Land nicht anerkannt** wird. Es wird in dem Mitgliedstaat beantragt, in dem der Erblasser im Zeitpunkt seines Todes seinen gewöhnlichen Aufenthalt hatte. Hatte ein deutscher Erblasser seinen gewöhnlichen Aufenthalt im Ausland, in seinem Testament aber das deutsche Recht gewählt, sind dennoch die deutschen Nachlassgerichte für die Erteilung des Europäischen Nachlasszeugnisses zuständig.

d) Testamentsvollstreckerzeugnis

Genauso wie der Erbe seine Erbenstellung nachzuweisen hat, muss der Testamentsvollstrecker seine Ernennung und seinen Amtsantritt nachweisen können. Dies ist mit einem Testamentsvollstreckerzeugnis möglich, das ebenso wie der Erbschein beim zuständigen Nachlassgericht beantragt werden kann. Auch dieser Antrag kann direkt beim Nachlassgericht oder bei einem Notar gestellt werden. Die Kosten für ein Testamentsvollstreckerzeugnis sind wiederum abhängig vom Wert des Nachlasses, wobei im Gegensatz zum Erbschein nur 20 % des Nachlasswerts ohne Abzug von Schulden berücksichtigt werden.

BEISPIEL

Zum Beispiel betragen die Kosten für ein Testamentsvollstreckerzeugnis bei einem Nachlasswert von EUR 200.000 EUR 290 beim Nachlassgericht und EUR 345,10 beim Notar, während sie bei einem Nachlasswert von EUR 500.000 EUR 546 beim Nachlassgericht und EUR 649,74 beim Notar betragen. Die Kosten für die Erteilung eines Testamentsvollstreckerzeugnisses sind also niedriger als die Kosten für die Erteilung eines Erbscheins.

e) Sonstige Dokumente

Um sich einen Überblick über den Nachlass und eventuell noch einzuleitende Schritte zu verschaffen, sollten insbesondere auch **folgende Dokumente** gesammelt werden:

- Versicherungsunterlagen, auch zur Rentenversicherung und Krankenversicherung,
- alle Vertragsunterlagen wie Mietverträge, Laufzeitverträge, Abonnements, Telefonverträge etc.,
- eventuell (gerichtlicher) Scheidungsbeschluss, falls der Erblasser geschieden war,
- Arbeitsvertrag des Erblassers.

- Zudem sollte auch an die Regelung des digitalen Nachlasses (Rechte an Websites, Domains, soziale Netzwerke sowie alle Accounts und Daten im Internet) gedacht werden. Hat der Erblasser hier keine Vorkehrungen getroffen, müssen alle Anbieter kontaktiert werden.

TIPP
Um den Erben ein mühsames Herausfinden aller Passwörter und Zugangsdaten zu ersparen, ist es sinnvoll, bereits zu Lebzeiten alle wichtigen Dokumente und Zugangsdaten so aufzubereiten, dass sie im Erbfall auffindbar sind. Zudem bieten immer mehr Online-Anbieter die Möglichkeit an, den digitalen Nachlass zu regeln und Vertrauenspersonen zu bestimmen (so z. B. Facebook).

→ **HINWEIS**
Persönliche Daten und weitere Informationen sollten zu Lebzeiten in einer Mappe gesammelt werden, wie z. B. in *„Meine Versorgemappe"*, die neben der Broschüre *„Vorsorge für den Notfall"* die Broschüren *„Vorsorge für Unfall, Krankheit, Alter"* und *„Vorsorge für den Erbfall"* enthält und überall im Buchhandel für € 23.- erhältlich ist (Verlag C.H.BECK, ISBN 978-3-406-79822-1).

3. Welche Ansprüche habe ich gegenüber Kreditinstituten und Grundbuchämtern?

a) Kreditinstitute

Der Erbe hat als Gesamtrechtsnachfolger des Erblassers dieselben Rechte gegenüber dem Kreditinstitut wie zuvor der Erblasser. Er kann insbesondere **Auskünfte** zu sämtlichen Konten des Erblassers verlangen.

Der Erbe muss sich gegenüber dem Kreditinstitut jedoch als solcher **legitimieren.** Dies ist mit einem Erbschein möglich, aber auch durch ein notariell beurkundetes Testament oder einen Erbvertrag in Verbindung mit der Eröffnungsniederschrift des Nachlassgerichts (siehe S. 9). Auch eine amtliche Auskunft des Nachlassgerichts kann zum Nachweis der Erbenstellung ausreichen.

Wenn der Erblasser eine **über den Tod hinaus geltende Generalvollmacht** erteilt hat, muss sich der Bevollmächtigte nicht zwingend gesondert als Erbe ausweisen. Er kann dann in vielen Fällen mit der Generalvollmacht den Nachlass regeln, Verfügungen über Bankkonten vornehmen, Konten auflösen etc.

TIPP
Zu beachten ist, dass manche Banken und Sparkassen spezielle Bankvollmachten auf hauseigenen Formularen fordern und die Anerkennung von Generalvollmachten, die nicht auf hauseigenen Formularen erteilt worden sind, verweigern. Ein solches Vorgehen ist zwar in der Regel unzulässig, was auch schon gerichtlich bestätigt worden ist (z. B. durch das Landgericht Detmold, Urteil vom 14.1.2015, Aktenzeichen 10 S 110/14), aber häufige Praxis.

Zu beachten ist auch, dass Banken in ihren Allgemeinen Geschäftsbedingungen häufig die Vorlage eines Erbscheins fordern. Der Bundesgerichtshof hat jedoch entschieden, dass eine solche Klausel in Allgemeinen Geschäftsbedingungen der Bank gegenüber Verbrauchern unwirksam ist.

Auch ohne eine entsprechende Legitimation kann der Erbe nach dem Tod des Bankkunden oftmals nur wirksame Verfügungen vornehmen, wenn er eine sogenannte **Haftungserklärung** unterzeichnet. In diesem Formular vereinbaren die Bank und der Erbe den Verzicht auf einen Erbennachweis. Im Gegenzug verpflichtet sich der Erbe, gegenüber der Bank zu haften, falls sich die Erbfolge anders als angenommen darstellt. Verfügungen mit Haftungserklärungen lassen die Banken häufig jedoch nur bis zu bestimmten Summen (ca. 3.000 Euro bis 5.000 Euro) und für wichtige Rechnungen wie Bestattungskosten etc. zu.

b) Grundbuchämter

Befinden sich Grundstücke im Nachlass, gehen auch diese auf den Erben über. Der Erbe kann dann den

Übergang des Eigentums auf ihn im Grundbuch durch einen sog. **Grundbuchberichtigungsantrag** eintragen lassen.

Der Nachweis der Erbfolge gegenüber dem Grundbuchamt kann grundsätzlich nur durch einen Erbschein geführt werden (§ 35 Abs. 1 S. 1 GBO). Es genügt allerdings auch die Vorlage eines notariellen Testaments oder Erbvertrags in Verbindung mit der Eröffnungsniederschrift des Nachlassgerichts, die entweder im Original oder als Abschrift vorgelegt werden muss (§ 35 Abs. 1 S. 2 GBO).

TIPP

Für die Eintragung des Erben in das Grundbuch fallen Kosten an. Die Grundbuchberichtigungsgebühr wird **aber nicht erhoben,** wenn der Eintragungsantrag innerhalb **von zwei Jahren nach dem Erbfall** beim Grundbuchamt gestellt wird.

4. Wann soll das Erbe besser ausgeschlagen werden?

Insbesondere dann, wenn der Nachlass **überschuldet** ist, sollte die Erbschaft ausgeschlagen werden, denn der Erbe haftet **uneingeschränkt** für die Schulden des Erblassers.

Die Ausschlagung erfolgt **durch Erklärung gegenüber dem örtlich zuständigen Nachlassgericht.** Die Ausschlagungserklärung muss dabei entweder zur Niederschrift des Nachlassgerichts oder in notariell beglaubigter Form abgegeben werden.

Wichtig ist die **Wahrung der Ausschlagungsfrist**, die sechs Wochen beträgt:

- Ist **kein** Testament oder Erbvertrag (sog. Verfügungen von Todes wegen) vorhanden, gilt die gesetzliche Erbfolge. Die Ausschlagung muss dann innerhalb einer Frist von **sechs Wochen ab Kenntnis** des Erben vom sog. Anfall (= Erbfall) und dem Grund des Anfalls der Erbschaft erklärt werden. In unklaren Fällen sollte die Frist sicherheitshalber **ab dem Todestag** berechnet werden.
- Ist eine Verfügung von Todes wegen (= Testament oder Erbvertrag) vorhanden, beginnt die sechswöchige Ausschlagungsfrist erst **mit Bekanntgabe der Verfügung von Todes wegen** durch das Nachlassgericht zu laufen, und zwar selbst dann, wenn die Verfügung von Todes wegen dem Ausschlagenden bereits zuvor bekannt war.

TIPP

In manchen Fällen ist eine Ausschlagung auch aus taktischen Gründen möglich und sinnvoll. Wenn z. B. in einem Testament ein als Erbe eingesetzter Pflichtteilsberechtigter durch die Anordnung einer Testamentsvollstreckung (siehe S. 32 ff.) beschränkt wird oder Vermächtnisse (siehe S. 21 ff.) angeordnet sind. Eine Ausschlagung ist natürlich nur sinnvoll, wenn der Ausschlagende nach der Ausschlagung (wertmäßig) besser steht als wenn er das Erbe angenommen hätte.

Da diese Fälle der Erbausschlagung meist kompliziert sind, sollte die Beratung durch einen Fachanwalt für Erbrecht oder eine Fachanwältin für Erbrecht in Anspruch genommen werden.

2 Die Erbengemeinschaft

1. Was ist eine Erbengemeinschaft und wie entsteht sie?

Immer dann, wenn ein Erblasser **von mehreren Personen** beerbt wird, entsteht eine Erbengemeinschaft.

Der vom Erblasser hinterlassene Nachlass wird **gemeinschaftliches Vermögen der Miterben.** Die Erbengemeinschaft ist eine Gesamthandsgemeinschaft. Das bedeutet, dass die Nachlassgegenstände Gesamthandseigentum werden und **gemeinschaftlich verwaltet** werden müssen.

Eine Gesamthandsgemeinschaft muss von der **Bruchteilsgemeinschaft** (häufigste Form: Miteigentum) abgegrenzt werden. Auch wenn ein Miterbe zwar wirtschaftlich betrachtet einem Miteigentümer gleichsteht, ist er dies rechtlich nicht: Der Miterbe kann **ausschließlich über seinen gesamten Anteil am Nachlass** verfügen (§ 2033 Abs. 1 BGB), nicht jedoch – wie es bei einem Miteigentümer wäre – über einzelne Nachlassgegenstände (§ 2033 Abs. 2 BGB). Zum Gebrauch einzelner Nachlassgegenstände siehe S. 15 Ziff. 2).

> **BEISPIEL**
>
> Erblasser E wird zu gleichen Teilen beerbt von seinen Kindern A und B. Im Nachlass befinden sich zwei wertmäßig identische Eigentumswohnungen in Stuttgart und in München. A möchte die Eigentumswohnung in Stuttgart ohne Mitwirkung von B auf seine Tochter T übertragen. Ist das ohne Weiteres möglich?
>
> **Antwort:**
> Nein. A befindet sich in nicht auseinandergesetzter Erbengemeinschaft mit B. Damit gehören beide Wohnungen beiden Miterben in Gesamthandsgemeinschaft zusammen. Zwar kann A seinen kompletten Miterbenanteil von 1/2 auf T übertragen, nicht jedoch eine einzelne Wohnung. Die Erbengemeinschaft müsste zunächst zwischen A und B auseinandergesetzt werden, zumindest jedoch muss B an der Übertragung der Eigentumswohnung auf T mitwirken.

2. Wie wird der Nachlass verwaltet?

Die gesetzlichen Regelungen zur Verwaltung des Nachlasses innerhalb einer Erbengemeinschaft als Gesamthandsgemeinschaft sind für juristisch nicht ausgebildete Miterben leider schwer verständlich. Auch in der Rechtspraxis sind hier viele Fragen noch ungeklärt.

Der Nachlass in einer Erbengemeinschaft ist gemeinschaftlich zu verwalten (§ 2038 BGB). Hervorzuheben ist allerdings, dass **jeder Miterbe ein selbstständiges Recht zum Gebrauch der Nachlassgegenstände** hat (§§ 2038 Abs. 2, 743 Abs. 2 BGB), soweit der Mitgebrauch durch die übrigen Miterben hierdurch nicht beeinträchtigt wird.

> **BEISPIEL**
>
> Erblasser E wird zu gleichen Teilen beerbt von seinen Kindern A und B. Im Nachlass befindet sich unter anderem ein Gartengrundstück mit Seezugang, das von A und B seit jeher zum Zelten genutzt wird. Beide Miterben können das Grundstück bis zur Erbauseinandersetzung gemeinsam weiter nutzen.

In der Regel wird der Gebrauch von Nachlassgegenständen durch **Mehrheitsbeschluss** geregelt, und jeder Miterbe hat einen eigenen Anspruch auf Regelung der Verwaltung und Benutzung von Nachlassgegenständen.

Unter „Verwaltung" sind alle Maßnahmen zu verstehen, die zur Verwahrung, Sicherung, Erhaltung und Vermehrung des Nachlasses geeignet und erforderlich sind. Handlungen, die auf eine **Auflösung des Nachlasses** gerichtet sind, können keine Verwaltungsmaßnahmen sein.

> **BEISPIEL**
>
> **Verwaltungsmaßnahmen** in einer Erbengemeinschaft sind beispielsweise:
> - Einziehung von Forderungen, wie z. B. Mietforderungen,
> - Benutzung von Nachlassgegenständen,

- Reparaturen und Instandhaltungsmaßnahmen oder
- Bestreitung der laufenden Verbindlichkeiten des Nachlasses.

Es sind **drei Arten von Verwaltungsmaßnahmen** zu unterscheiden: ordnungsgemäße (a), außerordentliche (b) und notwendige (c). Verwaltungsmaßnahmen müssen zudem von den sogenannten „Verfügungen" (d) abgegrenzt werden.

a) Ordnungsgemäße Verwaltung

Unter den Begriff „ordnungsgemäße Verwaltung" fallen alle Verwaltungsmaßnahmen, die dem Interesse aller Miterben unter Berücksichtigung der Beschaffenheit des Nachlassgegenstandes nach billigem Ermessen entsprechen. Diese Maßnahmen müssen zudem erforderlich sein.

BEISPIEL

Maßnahmen der ordnungsgemäßen Verwaltung sind z. B.
- erforderliche Instandsetzungs- und Reparaturmaßnahmen,
- Abschluss eines Miet- oder Pachtvertrages über ein Nachlassgrundstück, das bereits vermietet oder verpachtet war oder
- Begleichung laufender Kosten eines Nachlassgegenstandes.

Die Miterben sind verpflichtet, an Maßnahmen der ordnungsgemäßen Verwaltung mitzuwirken (§ 2038 Abs. 1 S. 2 Hs. 2 BGB). Hierfür genügt eine **Mehrheitsentscheidung** innerhalb der Erbengemeinschaft. Abgestimmt wird jedoch nicht nach Köpfen, sondern nach der **Größe der Erbteile** (§§ 2038 Abs. 2, 745 Abs. 1 S. 2 BGB).

b) Außerordentliche Verwaltung

Von den Maßnahmen der ordnungsgemäßen Verwaltung abzugrenzen sind die Maßnahmen der außerordentlichen Verwaltung. Das sind Maßnahmen, die für den Nachlass eine **erhebliche (wirtschaftliche) Bedeutung** haben.

BEISPIEL

Maßnahmen der außerordentlichen Verwaltung sind z. B.
- Bezahlung von Forderungen, wenn der Nachlass überschuldet ist,
- Ausschluss eines Miterben von der Nutzung eines Nachlassgegenstandes oder
- Verkauf eines Nachlassgrundstücks, das einen wesentlichen Teil des Nachlasses darstellt.

Liegt eine Maßnahme der außerordentlichen Verwaltung vor, müssen **alle Miterben gemeinsam handeln.** Anders als bei den Maßnahmen der ordnungsgemäßen Verwaltung besteht **keine** Mitwirkungs**pflicht** der Miterben.

Gemeinsames Handeln bedeutet allerdings nicht, dass die Miterben stets gleichzeitig und persönlich handeln müssen. Sie können sich vielmehr vertreten lassen, indem sie beispielsweise andere Miterben bevollmächtigen oder aber einzelne Maßnahmen nachträglich genehmigen.

c) Notwendige Verwaltung/Notverwaltung

Unter notwendigen Verwaltungsmaßnahmen versteht man solche Maßnahmen, ohne die der Nachlass insgesamt oder Teile hiervon **Schaden nehmen würden.** Man spricht hier auch von **Notverwaltungsmaßnahmen.**

BEISPIEL

Derartige Notverwaltungsmaßnahmen sind z. B. Erteilung eines Reparaturauftrags bei einem Wasserrohrbruch in einem zum Nachlass gehörenden Wohnhaus oder die Notveräußerung verderblicher Waren.

Bei derartigen Maßnahmen kann jeder Miterbe **alleine** handeln. Setzt er Maßnahmen um und entstehen ihm Aufwendungen bzw. Auslagen, kann er von der Erbengemeinschaft Ersatz verlangen.

⚠ ACHTUNG

Notverwaltungsmaßnahmen stellen eine Ausnahme des in einer Erbengemeinschaft ansonsten geltenden Einstimmigkeits- bzw. Mehrheitsprinzips dar. Als „Faustregel" gilt hier: Immer dann,

wenn ohne Gefährdung des Nachlasses eine Zustimmung der Miterben eingeholt werden kann, liegt kein Fall der Notverwaltung vor.

TIPP
Es empfiehlt sich, den Rat eines Fachanwalts/einer Fachanwältin für Erbrecht einzuholen.

d) Verfügungen über Nachlassgegenstände

Von den eben dargestellten **Verwaltungsmaßnahmen** sind die **Verfügungen** zu unterscheiden: Verfügungen sind Rechtsgeschäfte, die auf das Recht am Nachlassgegenstand einwirken, indem dieses Recht aufgehoben, übertragen, belastet oder inhaltlich verändert wird.

BEISPIEL

Verfügungen sind z. B.

- Kündigung von Miet- und Pachtverträgen,
- der Erlass einer Forderung,
- die Übertragung des Eigentums an einem Nachlassgegenstand oder
- die Kündigung eines Giro- oder Sparkontos.

⚠ ACHTUNG
Für Verfügungen über Nachlassgegenstände ist stets die Zustimmung aller Miterben erforderlich!

Die Verteilung des Nachlasses unter den Miterben oder der Verkauf von Nachlassgegenständen ist also stets **nur einstimmig** möglich. Dies ist das eigentliche Problem einer Erbengemeinschaft.

TIPP
Die Abgrenzung der Verwaltungsmaßnahmen untereinander und die Abgrenzung von Verwaltungsmaßnahmen zu Verfügungen bereiten auch Juristen Schwierigkeiten. Zudem können im Einzelfall Verfügungen zugleich Verwaltungsmaßnahmen sein. Ein Miterbe sollte sicherheitshalber stets versuchen, eine einstimmige Entscheidung in der Erbengemeinschaft herbeizuführen.

3. Wie wird das Erbe aufgeteilt?

Die Erbengemeinschaft ist nicht auf Dauer, sondern auf Auseinandersetzung angelegt. Jeder Miterbe hat das Recht, **jederzeit die Auseinandersetzung des Nachlasses zu verlangen** (§ 2042 BGB). Darunter versteht man die Verteilung des Nachlasses unter den Miterben, nachdem zuvor die Nachlassverbindlichkeiten beglichen worden sind.

Sofern Gegenstände **teilbar** sind (z. B. Geld und Guthaben auf Konten), werden diese entsprechend den Erbquoten geteilt (siehe S. 49). Sind Gegenstände **nicht teilbar** (z. B. Fahrzeuge oder Immobilien), müssen diese zunächst „versilbert" (also verkauft) werden, bevor eine Teilung des Erlöses unter den Miterben erfolgt.

Den Miterben steht es jedoch frei, von diesem Modell abzuweichen und die Auseinandersetzung des Nachlasses **abweichend** zu gestalten. Sie sind im Übrigen auch **nicht** an Anordnungen des Erblassers in seinem Testament oder Erbvertrag gebunden, sondern können sich einvernehmlich darüber hinwegsetzen. Dies kann aber durch die Anordnung einer Testamentsvollstreckung, die in der letztwilligen Verfügung bestimmt werden muss (siehe S. 32 ff.), verhindert werden.

Häufig erfolgt die Auseinandersetzung der Erbengemeinschaft etappenweise: Teilbare Gegenstände wie Geld oder Bankguthaben werden vorab geteilt. Sodann werden die übrigen Nachlassgegenstände verkauft. Anschließend erfolgt eine Verteilung des Erlöses. Ein Miterbe hat allerdings **keinen Anspruch auf eine solche Teilauseinandersetzung**, er kann nur die vollständige Auseinandersetzung der Erbengemeinschaft verlangen.

Es gibt folgende Möglichkeiten der **einvernehmlichen Auseinandersetzung der Erbengemeinschaft:**

- **Erbauseinandersetzungsvertrag:** Es werden alle Nachlassgegenstände aus der Erbengemeinschaft

heraus verteilt bzw. übertragen, die Erbengemeinschaft ist dann aufgelöst. Erhält ein Miterbe hierbei mehr, als ihm nach seiner Erbquote zusteht, können Ausgleichszahlungen vereinbart werden.
Ein solcher Vertrag bedarf grundsätzlich keiner besonderen Form. Befinden sich allerdings Gegenstände im Nachlass, deren Übertragung formbedürftig ist, wie dies insbesondere bei Immobilien bzw. Grundstücken der Fall ist (notarielle Beurkundung erforderlich), muss der gesamte Vertrag notariell beurkundet werden.

- **Abschichtung:** Bei einer Abschichtung scheidet ein Miterbe aus der Erbengemeinschaft aus und sein Erbteil wächst den anderen Miterben entsprechend ihren Erbquoten an. Der aus der Erbengemeinschaft ausscheidende Miterbe erhält für sein Ausscheiden meist eine Abfindung.

BEISPIEL

A, B, C und D sind mit einer Quote von jeweils ¼ an der Erbengemeinschaft beteiligt. Sie vereinbaren eine Abschichtung in der Weise, dass A gegen Abfindung aus der Erbengemeinschaft ausscheidet. Nach dem Ausscheiden des A besteht die Erbengemeinschaft zwischen B, C und D mit einer Quote von jeweils ⅓ fort.

Auch eine Abschichtungsvereinbarung ist grundsätzlich formlos möglich. Befinden sich Immobilien im Nachlass und soll das Grundbuch nach dem Ausscheiden eines Miterben umgeschrieben werden, ist jedoch eine notarielle Unterschriftsbeglaubigung (nicht notarielle Beurkundung!) erforderlich.

- **Erbteilsübertragung:** Möglich ist auch die Übertragung des Erbteils durch einzelne Miterben auf andere Miterben oder Dritte. Beim Verkauf an Dritte haben Miterben ein Vorkaufsrecht (§ 2034 BGB).

Die Frage, welche Variante der Auseinandersetzung der Erbengemeinschaft vorzugswürdig ist, lässt sich nicht pauschal beantworten, da jede Variante ihre eigenen Vor- und Nachteile hat. Zudem ist eine steuerrechtliche Prüfung der einzelnen Maßnahmen (vor allem bei hohen Vermögenswerten) unerlässlich. Sie sollten im Zweifelsfall rechtlichen Rat einholen.

 **TIPP**
Es empfiehlt sich, den Rat eines Fachanwalts/einer Fachanwältin für Erbrecht einzuholen.

4. Welche Möglichkeiten gibt es, wenn es zum Streit kommt?

a) Notarielle Vermittlung der Nachlassauseinandersetzung

Das notarielle Vermittlungsverfahren zur Erbauseinandersetzung (§§ 363 ff. FamFG) kann auf Antrag eines oder mehrerer Miterben an ein Notariat eingeleitet werden.

Dieses Verfahren führt in der Praxis eher ein Schattendasein. Es bringt jedoch Vorteile, die ein Gerichtsprozess nicht bieten kann. So ist der Notar im Gegensatz zum Gericht z. B. verpflichtet, den Umfang des Nachlasses selbst zu ermitteln. Die Kosten des Vermittlungsverfahrens sind abhängig vom Wert des Nachlasses und liegen in der Regel unter den Gerichtskosten für ein streitiges Verfahren.

Wird das notarielle Vermittlungsverfahren eingeleitet, hat der Notar den Antragsteller und die übrigen Beteiligten zu einem Verhandlungstermin zu laden (§ 365 FamFG).

 **TIPP**
Der Antrag auf ein notarielles Vermittlungsverfahren sollte gut vorbereitet sein. Denn nur dann, wenn die Angaben vollständig sind und der maßgebliche Sachverhalt vorgetragen ist, kann der Notar den zu verteilenden Nachlass korrekt berechnen und einen Teilungsplan erstellen, der die Verteilung unter den Miterben regelt. So kann es ihm gelingen, direkt im Termin mit den erschienenen Beteiligten eine vollständige Einigung zu erzielen, die sodann notariell zu beurkunden ist (§ 368 FamFG). Dadurch werden die Vereinbarungen verbindlich und rechtskräftig.

Zu beachten ist allerdings, dass das Vermittlungsverfahren nur dann Erfolg haben kann, wenn **alle Miterben damit einverstanden** sind. Denn bereits der Widerspruch eines einzelnen Miterben führt dazu, dass das Verfahren gescheitert ist.

b) Erbteilungsklage

Die Erbteilungsklage stellt für den klagenden Miterben **die letzte Möglichkeit** dar, die Erbengemeinschaft auseinanderzusetzen und deren Auflösung zu erzwingen.

Mit der Erbteilungsklage kann ein Miterbe die Zustimmung der anderen Miterben zu einem Auseinandersetzungsplan, dem sogenannten **„Teilungsplan"**, einklagen. Dazu muss ein dezidierter Teilungsplan aufgestellt und dem Gericht vorgelegt werden. Bereits an diesem Erfordernis scheitern viele Teilungsklagen. Denn eine Teilungsklage, die auf einem unzutreffenden Teilungsplan basiert, muss vom Gericht abgewiesen werden. Das Gericht darf einen nicht korrekten Teilungsplan nicht von sich aus abändern.

Eine Teilungsklage hat zudem nur dann Aussicht auf Erfolg, wenn die sogenannte **Teilungsreife** des gesamten Nachlasses vorliegt. Dies bedeutet, dass der gesamte Nachlassbestand (Aktiva und Passiva, d.h. Vermögen und Schulden) im Gerichtsverfahren feststehen muss. Eine einzige noch unbekannte offene Rechnung kann damit die gesamte Teilungsklage zum Scheitern bringen. Aber auch noch nicht verkaufte oder aufgeteilte Grundstücke führen zur Abweisung der Teilungsklage. Nicht zuletzt deshalb gilt diese Verfahrensart unter Juristen als riskant.

BEISPIEL

A, B und C sind Miterben nach dem Tod der gemeinsamen Mutter E. Im Nachlass befindet sich ein Einfamilienhaus und ein Bankguthaben. A, B und C werden sich nicht einig, wie der Nachlass verteilt werden soll. A erhebt deshalb Teilungsklage vor dem Landgericht mit dem Ziel, das Bankguthaben zu verteilen. Das Landgericht wird die Teilungsklage in diesem Fall abweisen, weil noch keine Teilungsreife vorliegt. Es muss zunächst das Einfamilienhaus verkauft oder aufgeteilt werden. Werden sich A, B und C auch hier nicht einig, muss zunächst die Teilungsversteigerung des Einfamilienhauses durchgeführt werden, bevor A eine Teilungsklage erheben kann.

c) Feststellungsklage

Neben der Teilungsklage, die die Auseinandersetzung des gesamten Nachlasses vorsieht, gibt es die Feststellungsklage. Mit einer solchen kann ein Miterbe **einzelne Streitpunkte** gerichtlich klären lassen. Das ist aber nur dann möglich, wenn ein sogenanntes **Feststellungsinteresse** vorliegt. Dies ist wiederum nur dann der Fall, wenn die Klärung der Frage, die Gegenstand der Feststellungsklage ist, für die anstehende Auseinandersetzung des Nachlasses von Bedeutung ist.

BEISPIEL

A, B und C sind Miterben nach dem Tod der gemeinsamen Mutter E. B hat E vor ihrem Tod intensiv gepflegt und möchte mehr vom Nachlass haben als A und C.

In diesem Fall kann B Feststellungsklage erheben und die Höhe der Pflegeleistungen gerichtlich feststellen lassen. Denn erst wenn feststeht, welcher Betrag B für die erbrachte Pflege aus dem Nachlass zusteht, kann der Rest des Nachlasses verteilt werden.

TIPP
Streiten die Miterben lediglich über **einzelne Positionen** des Nachlasses, so ist die Feststellungsklage einfacher und billiger als die Erbteilungsklage.

d) Teilungsversteigerung

Gehören Grundstücke zum Nachlass und können sich die Miterben nicht auf den Verkauf bzw. auf die Verteilung einigen, dann kann die **Auseinandersetzung des Nachlasses in Bezug auf Grundstücke** nur durch eine sog. Teilungsversteigerung erfolgen.

Jeder Miterbe, auch der Vorerbe, kann ein Teilungsversteigerungsverfahren beim zuständigen

Versteigerungsgericht beantragen. Dies ist das Amtsgericht, in dessen Bezirk das Grundstück liegt. Nach ordnungsgemäßem Antrag erlässt das Versteigerungsgericht einen **Anordnungsbeschluss,** der den Miterben dann zugestellt wird. Nach Einholung eines Sachverständigengutachtens wird der Verkehrswert des Grundstücks festgesetzt und ein **Versteigerungstermin** anberaumt. In diesem Versteigerungstermin werden (vor Ort) Gebote eingeholt. Sodann erhält der Meistbietende den Zuschlag. Der Erlös wird schlussendlich unter den Miterben geteilt.

 **TIPP**
Möchte ein Miterbe eine Teilungsklage erheben und gehören Grundstücke zum Nachlass, müssen diese zunächst teilungsversteigert, anderweitig verkauft oder einvernehmlich unter den Miterben aufgeteilt worden sein. Denn sonst liegt noch keine Teilungsreife des Nachlasses vor und eine Teilungsklage wäre nicht erfolgreich.

3 Das Vermächtnis

1. Was ist ein Vermächtnis?

Häufig wird ein Vermächtnis mit einer Erbeinsetzung verwechselt. Ein Vermächtnis ist jedoch etwas anderes: Unter einem Vermächtnis versteht man die **Zuwendung eines Vermögensvorteils** an einen anderen durch Verfügung von Todes wegen (= Testament oder Erbvertrag), **ohne diesen als Erben einzusetzen.**

Während der Erbe Gesamtrechtsnachfolger des Erblassers wird, also in dessen Fußstapfen tritt und automatisch mit dem Erbfall alle Rechte und Pflichten des Erblassers erwirbt, erhält der Vermächtnisnehmer lediglich einen sogenannten **schuldrechtlichen Anspruch** – das ist ein Forderungsrecht – auf Erfüllung des Vermächtnisses. Das bedeutet, dass der Vermögensvorteil (z. B. Bargeld oder das Auto) vom „Beschwerten" extra übertragen werden muss. „Beschwert" ist in der Regel der Erbe, bei mehreren Erben die Erbengemeinschaft.

BEISPIEL FÜR EINE ERBEINSETZUNG IN ABGRENZUNG ZUM VERMÄCHTNIS

„Zu meinen Erben setze ich meine Söhne A und B zu gleichen Teilen ein. Meine Patentochter erhält vermächtnisweise meinen Schmuck."

Die Söhne A und B werden Gesamtrechtsnachfolger (Miterben). Die Patentochter bekommt den Anspruch gegen A und B, ihr den Schmuck zu übergeben (Vermächtnis).

Im Gegensatz zum Erben muss der Vermächtnisnehmer den Vermächtnisgegenstand, der zunächst auf den Erben als Gesamtrechtsnachfolger übergeht, erst verlangen, bevor er ihn erhält. Der Vermächtnisnehmer erhält den Vermächtnisgegenstand **nicht** automatisch.

Gegenstand eines Vermächtnisses kann alles sein, was auch Gegenstand einer Leistung sein kann, also **alle Sachen oder Rechte, die einen Vermögensvorteil darstellen.** Am häufigsten werden Geld, bewegliche Gegenstände, aber auch Grundstücke vermacht. Auch Rechte, wie insbesondere Nießbrauchsrechte oder Wohnrechte, können Gegenstand eines Vermächtnisses sein.

Der Vermächtnisnehmer kann, muss aber nicht Erbe sein. Ist der Vermächtnisnehmer zugleich (Mit)Erbe, spricht man von einem Vorausvermächtnis.

BEISPIEL

Erblasser E hat zu Miterben zu gleichen Teilen seine beiden Kinder A und B eingesetzt. A soll ohne Anrechnung auf seinen Erbteil eine im Nachlass befindliche Eigentumswohnung in Stuttgart erhalten (Vorausvermächtnis).

2. Welche Rechte hat ein Vermächtnisnehmer?

Der Vermächtnisnehmer muss das Vermächtnis nicht annehmen. Er kann es auch ausschlagen.

Das wichtigste Recht des Vermächtnisnehmers ist sein (schuldrechtlicher) Anspruch auf Erfüllung des Vermächtnisses, also **auf Übertragung des ihm zugewandten Gegenstandes.** Dieses Forderungsrecht des Vermächtnisnehmers **verjährt** grundsätzlich nach drei Jahren ab dem Schluss des Jahres, in dem der Vermächtnisnehmer die anspruchsbegründenden Umstände und die Person des Schuldners kennt oder ohne grobe Fahrlässigkeit kennen musste. Ist ein Grundstück Gegenstand des Vermächtnisses, beträgt die Verjährungsfrist zehn Jahre.

Ist in einer Verfügung von Todes wegen (Testament oder Erbvertrag) ein Vermächtnis angeordnet, muss das Nachlassgericht auch dem Vermächtnisnehmer die Verfügung von Todes wegen übersenden. So ist sichergestellt, dass der Vermächtnisnehmer Kenntnis vom Vermächtnis erlangt.

Darüber hinaus hängen die Rechte des Vermächtnisnehmers in erster Linie von den Anordnungen im Testament des Erblassers ab. Es gibt aber auch gesetzliche Rechte und Ansprüche des Vermächtnisnehmers.

BEISPIEL

Der Erblasser hat bestimmt, dass sein Freund F im Wege des Vermächtnisses 50 % seines zum Todestag vorhandenen Bankvermögens erhält.

In diesem Beispielsfall hat der Freund F gegenüber dem Erben einen Auskunftsanspruch, der auf Auskunft über das vorhandene Bankvermögen zum Todestag gerichtet ist. Denn ohne diese Auskunft ist es dem Freund F nicht möglich, seinen Anspruch zu berechnen.

Möchte der Vermächtnisnehmer das Vermächtnis **ausschlagen,** gibt es im Gegensatz zur Erbausschlagung keine Frist und auch keine vorgeschriebene Form zu beachten.

MUSTER: ANNAHME EINES GELDVERMÄCHTNISSES

Sehr geehrter Herr ... {Name des Erben},

der Erblasser Emil Mustermann hat am 2.3.2017 ein Testament errichtet und Sie zum Erben eingesetzt. Unter Ziff. 3 des Testaments wurde mir ein Vermächtnis in Höhe von EUR 20.000 zugewandt. Das Vermächtnis ist seit dem ... {=Todeszeitpunkt} zur Zahlung fällig.

Ich nehme dieses Vermächtnis an und fordere Sie auf, das Vermächtnis bis zum ... {zwei Wochen} durch Überweisung auf folgendes Konto zu erfüllen: ...

Mit freundlichen Grüßen
Eva Müller

3. Welche Möglichkeiten gibt es, wenn es zum Streit kommt?

Wird die Erfüllung des Vermächtnisses verweigert, muss **Klage** erhoben werden. Aber auch dann, wenn es Streit darüber gibt, welche Nebenansprüche dem Vermächtnisnehmer zustehen (z. B. insbesondere Auskunftsansprüche), müssen diese notfalls gerichtlich durchgesetzt werden.

Häufig kommt es vor, dass der im Testament bezeichnete Vermächtnisgegenstand beim Erbfall **nicht mehr vorhanden** ist. Dann ist das Vermächtnis im Zweifel unwirksam, das heißt, es besteht kein weiterer Anspruch, z. B. auf Ersatz.

BEISPIEL

Erblasser E hatte im Jahr 1983 testamentarisch bestimmt, dass sein Porsche 911 im Wege eines Vermächtnisses nach seinem Tod an seinen Patensohn P herausgegeben werden soll. Zum Zeitpunkt des Erbfalls im Jahr 2022 existiert der Porsche jedoch nicht mehr, da ihn E 20 Jahre vor seinem Tod infolge eines Totalschadens verschrotten lassen musste.

Anders ist es, wenn der Gegenstand dem Bedachten auch für den Fall zugewendet werden sollte, dass er zum Zeitpunkt des Erbfalls nicht mehr vorhanden ist (§ 2169 Absatz 1 Satz 1 BGB). Der Wille des Erblassers muss dann im Nachhinein ermittelt werden.

BEISPIEL

Erblasser E hatte im Jahr 1983 testamentarisch bestimmt, dass sein Porsche 911 im Wege eines Vermächtnisses nach seinem Tod an seinen Patensohn P herausgegeben werden soll. Weiter hatte er bestimmt, dass die Erben für den Fall, dass es den Porsche zum Zeitpunkt des Erbfalls nicht mehr geben sollte, einen Neuwagen gleichen Modells im Gegenwert von maximal 120.000 EUR und mit Sonderausstattung nach Wunsch von P mit Mitteln des Nachlasses für diesen erwerben und ihm vermächtnisweise herausgeben sollen.

Ist der Vermächtnisgegenstand nach dem Erbfall **durch Verschulden des Beschwerten** „untergegangen", d.h. nicht mehr existent, kann der Vermächtnisnehmer unter Umständen Schadensersatz verlangen.

BEISPIEL

Erblasser E hat seinem Patensohn P vermächtnisweise seinen Porsche 911 zugesprochen. Nach dem Erbfall macht sein als Alleinerbe eingesetzter Sohn A mit dem Wagen eine „Probefahrt" und erleidet dabei einen Totalschaden.

Manchmal kommt es auch vor, dass der Vermächtnisnehmer nicht weiß, wem gegenüber er seinen Vermächtnisanspruch durchzusetzen hat. Dies kann dann der Fall sein, wenn die Erben unbekannt sind oder sich aus dem Testament nicht eindeutig ergibt, wer Erbe geworden ist. Dann kann der Vermächtnisnehmer beim zuständigen Nachlassgericht die **Einrichtung einer Nachlasspflegschaft** anregen. Wird dem stattgegeben, wird ein Nachlasspfleger bestellt, der die unbekannten Erben vertritt. Gegenüber diesem kann der Vermächtnisanspruch dann geltend gemacht werden. Wenn der Nachlasspfleger die außergerichtliche Erfüllung des Vermächtnisses ablehnt, ist der Vermächtnisnehmer zur Klageerhebung gezwungen. Dazu muss dann „Klagepflegschaft" beim zuständigen Nachlassgericht beantragt werden. Im Klageverfahren vertritt der Klagepfleger dann die unbekannten Erben.

TIPP

Eine grafische Darstellung von Erbrecht, Pflichtteilsrecht und Vermächtnis ist auf S. 54 abgedruckt.

4 Der Pflichtteil

1. Wann bestehen Pflichtteilsansprüche?

Das Pflichtteilsrecht ist die verfassungsrechtlich garantierte **Mindestteilhabe am Nachlass** des Erblassers zu Gunsten der nächsten Verwandten. Immer dann, wenn der Erblasser in einem Testament oder Erbvertrag einen pflichtteilsberechtigten Verwandten **enterbt,** der nach der gesetzlichen Erbfolge (siehe S. 53) eigentlich zum Erben berufen wäre, kann der Pflichtteilsberechtigte bei Vorliegen der entsprechenden Voraussetzungen den Pflichtteil verlangen.

BEISPIEL

Die Ehegatten M und F haben einen Sohn S. Sie erstellen ein Berliner Testament und ernennen den überlebenden Ehegatten zum Alleinerben des erstversterbenden Ehegatten. Für den Fall des Todes des überlebenden Ehegatten bestimmen sie S zu dessen Erben, also zum sogenannten Schlusserben.

Wenn nun M verstirbt, ist F seine Alleinerbin. Ohne dieses Testament wäre die gesetzliche Erbfolge eingetreten. Dann wären F und S die gesetzlichen Erben des M. Durch das Testament und die damit verbundene Erbeinsetzung von F ist der Sohn S enterbt und kann den Pflichtteil geltend machen. Denn die Enterbung muss nicht ausdrücklich erfolgen, sie ergibt sich aus der Erbeinsetzung der F.

Der Pflichtteilsanspruch ist ein **Geldzahlungsanspruch,** der sich gegen den Erben richtet. Er bedeutet also keine Beteiligung am Nachlass.

Bei mehreren Erben haftet jeder Miterbe **gesamtschuldnerisch.** Der Pflichtteilsberechtigte kann den Pflichtteil dann von jedem Miterben einfordern. Dieser kann dann im Innenverhältnis von den anderen Miterben einen Ausgleich verlangen.

a) Wer ist pflichtteilsberechtigt?

Der Pflichtteil steht den **Abkömmlingen** des Erblassers zu (§ 2303 BGB). Abkömmlinge sind alle Personen, die mit dem Erblasser in **absteigender gerader Linie verwandt** sind, also Kinder, Enkel, Urenkel etc.

Nähere Abkömmlinge schließen entferntere Abkömmlinge vom Pflichtteil aus. Lebt zum Zeitpunkt des Erbfalls also ein Kind, dann kann das Enkelkind den Pflichtteil nicht geltend machen. Ist das Kind hingegen vor dem Erblasser verstorben, kann das Enkelkind den Pflichtteil geltend machen. Auch **nichteheliche Kinder** und **Adoptivkinder** sind grundsätzlich pflichtteilsberechtigt.

Darüber hinaus sind auch die **Eltern des Erblassers** pflichtteilsberechtigt. Dies ist aber **nur** dann der Fall, wenn die Eltern des Erblassers ohne das Testament gesetzliche Erben geworden wären, was wiederum voraussetzt, dass der Erblasser **keine Abkömmlinge** hinterlassen hat.

Auch der **Ehegatte** hat ein Pflichtteilsrecht. Gleiches gilt für **eingetragene (gleichgeschlechtliche) Lebenspartner** (nicht: Lebensgefährten; damit sind Paare gemeint, die nicht verheiratet sind. Diese sind nicht pflichtteilsberechtigt). Geschwister, Neffen und Nichten sind nicht pflichtteilsberechtigt.

b) Wie hoch ist der Pflichtteilsanspruch?

Die **Höhe des Pflichtteils** beträgt die **Hälfte des Wertes des gesetzlichen Erbteils.** Es muss also in einem ersten Schritt die **gesetzliche Erbfolge** (siehe S. 53) ermittelt werden, die ohne das enterbende Testament eingetreten wäre. Erst dann kann die Pflichtteilsquote (die Hälfte der gesetzlichen Erbquote) berechnet werden.

BEISPIEL

Die Eheleute M und F sind in Zugewinngemeinschaft (also ohne Ehevertrag) miteinander verheiratet. Sie haben ein Berliner Testament erstellt und sich gegenseitig zu Alleinerben eingesetzt. Für den Fall des Todes des überlebenden Ehegatten sind die beiden Kinder K 1 und K 2 zu Schlusserben eingesetzt. K 1 macht nach dem Tod des Erstversterbenden M den Pflichtteil geltend.

Zunächst muss festgestellt werden, wie die gesetzliche Erbfolge, also ohne Testament, ausgesehen hätte: Ohne das Testament wäre nach dem Tod des M seine Ehefrau F Erbin mit einer Quote von ½ . K 1 und K 2 wären gesetzliche Erben mit einer Quote von jeweils 1/4. Die Pflichtteilsquote des K 1 beträgt also 1/8 (= ½ der gesetzlichen Erbquote).

Der Pflichtteilsanspruch richtet sich nach dem Wert des Nachlasses zum Zeitpunkt des Todes. Je höher dieser ist, desto höher ist auch der Pflichtteilsanspruch. Zur Berechnung des Wertes des Nachlasses sind alle Aktivposten zu bewerten und alle Passivposten (Schulden wie insbesondere Beerdigungskosten) abzuziehen.

2. Welche Rechte hat ein Pflichtteilsberechtigter?

Um seinen Pflichtteil berechnen zu können, ist der Pflichtteilsberechtigte auf die **Auskunft** des Erben angewiesen. Der Pflichtteilsberechtigte kann vom Erben Auskunft über den Bestand des Nachlasses verlangen (§ 2314 BGB). Diese Auskunft ist durch Vorlage eines Nachlassverzeichnisses zu erfüllen. Der Erbe muss also über alle Aktiva und Passiva im Zeitpunkt des Erbfalls Auskunft erteilen. Zudem muss der Erbe von Gesetzes wegen auch Auskunft über lebzeitige Schenkungen und Zuwendungen des Erblassers erteilen, da sich daraus sog. Pflichtteilsergänzungsansprüche (siehe 3.) ergeben können.

In das **Nachlassverzeichnis** gehört insbesondere Folgendes:

Aktiva:

- Alle Nachlassgegenstände im Eigentum des Erblassers,
- Forderungen, Bargeld, Bankguthaben, Wertpapiere, Beteiligungen an Firmen und Erbengemeinschaften,
- Schenkungen des Erblassers, die einen Pflichtteilsergänzungsanspruch (siehe 3.) begründen können,
- Lebensversicherungsverträge und sonstige Verträge zu Gunsten Dritter.

Passiva:

- Noch offene Verbindlichkeiten (Bankschulden, Mietschulden, Steuerschulden, Darlehen etc.),
- Kosten der Auskunftserteilung und Wertermittlung,
- Beerdigungskosten.

Es müssen zunächst grundsätzlich **keine Belege** vorgelegt werden, sondern nun dann, wenn sie für die Bewertung einzelner Nachlassgegenstände erforderlich sind.

Der Pflichtteilsberechtigte kann verlangen, dass er bei der Aufnahme des Nachlassverzeichnisses mit **anwesend** ist (§ 2314 Absatz 1 Satz 2 BGB). Auch kann der Pflichtteilsberechtigte verlangen, dass der Wert einzelner Nachlassgegenstände ermittelt wird. Das ist der sog. **Wertermittlungsanspruch.** Insbesondere bei Immobilien kann der Pflichtteilsberechtigte die Vorlage eines Sachverständigengutachtens zum Wert der Immobilie zum Stichtag Todestag verlangen.

Die Gegenstände im Nachlassverzeichnis sind **ohne Wertangaben,** aber unter Angabe der für die Bewertung erforderlichen Faktoren (z. B. Marke, Modell, Baujahr und Kilometerstand eines Fahrzeugs) aufzuführen.

Darüber hinaus hat der Pflichtteilsberechtigte auch das Recht, ein **notarielles Nachlassverzeichnis** zu verlangen. Er kann dieses Recht neben dem Anspruch auf Vorlage eines privatschriftlichen Nachlassverzeichnisses geltend machen. Dann muss sich der Erbe eigenverantwortlich an einen Notar wenden, der den Nachlassbestand selbst ermitteln muss. Dazu holt er Bankauskünfte, Grundbuchauskünfte etc. ein.

Die Kosten für die Wertermittlung und für das notarielle Nachlassverzeichnis müssen vom Erben getragen werden. Sie können dann allerdings als Nachlassverbindlichkeit abgezogen werden, sodass der Pflichtteilsberechtigte diese Kosten in Höhe seiner Pflichtteilsquote mitträgt.

> **BEISPIEL**
>
> Erblasser E hat zwei Söhne, A und B. Zum Alleinerben ist testamentarisch A eingesetzt. Der Nachlass besteht aus einer Immobilie in München und Bankvermögen in Höhe von 10.000 EUR. B verlangt von A seinen Pflichtteil (Quote: 1/4). Zudem verlangt er eine Wertermittlung zur Nachlassimmobilie. Die holt A über einen Sachverständigen ein. Der Sachverständige errechnet einen Wert von 600.000 EUR. Es entstehen zudem Kosten für die Einholung des Gutachtens in Höhe von 6.000 EUR. A darf folgende Berechnung erstellen: 600.000 EUR (Immobilie) + 10.000 EUR (Bankvermögen) = 610.000 EUR abzgl. 6.000 EUR (Gutachterkosten) = 604.000 EUR, davon 1/4 (Pflichtteilsquote) = 151.000 EUR (Pflichtteil von B).

Besteht Grund zu der Annahme, dass der Auskunftsverpflichtete das Verzeichnis nicht mit der **erforderlichen Sorgfalt** (also unvollständig oder unrichtig) erstellt hat, kann der Pflichtteilsberechtigte eine Versicherung an Eides statt verlangen.

Obwohl der Pflichtteilsberechtigte vor der Auskunftserteilung nicht in der Lage ist, seinen Pflichtteilsanspruch zu berechnen, kann und sollte er bereits vor der Auskunftserteilung eine **Frist** zur Bezahlung des Pflichtteils setzen. Nach Fristablauf tritt Verzug ein, mit der Folge, dass der Pflichtteil zu verzinsen ist. Die Zinsen belaufen sich auf 5 %-Punkte über dem Basiszinssatz.

Ist ein Pflichtteilsberechtigter zwar in einem Testament als Erbe eingesetzt, jedoch durch die Einsetzung eines Nacherben, die Ernennung eines Testamentsvollstreckers, eine Teilungsanordnung, ein Vermächtnis oder eine Auflage beschwert, kann er die Erbschaft ausschlagen (§ 2306 BGB) und den Pflichtteil geltend machen. Wichtig ist, dass der Pflichtteilsberechtigte nur in diesen Fällen **(belastete Erbschaft)** zur Erbausschlagung und Pflichtteilsgeltendmachung berechtigt ist. Anderenfalls verliert er durch die Erbausschlagung sein Pflichtteilsrecht. Vorschnell sollte eine Erbschaft also nicht ausgeschlagen werden.

BEISPIEL

Erblasser E hatte in einem Testament seine Söhne A und B zu Miterben zu gleichen Teilen eingesetzt. Weiter hatte er verfügt, dass die im Nachlass befindliche Eigentumswohnung in München im Wege eines Vorausvermächtnisses (also ohne Anrechnung auf seinen Erbteil) an B gehen soll. Als E verstirbt, ist die Eigentumswohnung in München der wesentliche Nachlassgegenstand. Weiterer nennenswerter Nachlass ist nicht vorhanden. A kann die Erbschaft nach § 2306 BGB ausschlagen und seinen Pflichtteil (Quote: 1/4) unter Einberechnung der Eigentumswohnung verlangen.

Der Pflichtteilsanspruch **verjährt** in drei Jahren. Dabei beginnt die Verjährung mit dem Schluss des Jahres, in dem er entstanden ist (Erbfall) und der Pflichtteilsberechtigte von dem Anspruch Kenntnis erlangt hat.

BEISPIEL

Erblasser E ist am 1.4.2022 verstorben. Sein Sohn S, der enterbt wurde, hat von dem Testament am 30.6.2022 erfahren.

Die Verjährungsfrist beginnt am 31.12.2022 zu laufen und endet am 31.12.2025.

MUSTER: AUSKUNFTS- UND ZAHLUNGSANSPRUCH DES PFLICHTTEILSBERECHTIGTEN

Sehr geehrte Frau ... {Name der Erbin},

als Sohn des Erblassers wurde ich mit Testament vom 2.5.2009 enterbt. Ich bin damit gemäß §2303 Abs. 1 BGB pflichtteilsberechtigt. Damit ich meinen Pflichtteilsanspruch berechnen kann, fordere ich Sie unter Fristsetzung bis zum ... {z.B. 4 Wochen} auf, Auskunft über den Bestand des Nachlasses durch Vorlage eines Nachlassverzeichnisses zum Todestag zu erteilen. In das Verzeichnis sind sämtliche Aktiva und Passiva des Nachlasses aufzunehmen.

Ich rege an, die Nachlassgegenstände mit Wertangaben zu versehen und Belege beizufügen, da ich ansonsten veranlasst wäre, zu einem späteren Zeitpunkt die Vorlage eines notariellen Nachlassverzeichnisses zu verlangen oder den Wertermittlungsanspruch bezüglich einzelner Gegenstände des Nachlasses geltend zu machen. Diese Rechte behalte ich mir jedoch ausdrücklich vor.

In das Verzeichnis sind auch alle Schenkungen des Erblassers, die zu einem Pflichtteilsergänzungsanspruch führen können, und ausgleichungspflichtige Zuwendungen des Erblassers unter Angabe des Tages der Schenkung / Zuwendung aufzunehmen. Darüber hinaus sind auch sämtliche vom Erblasser abgeschlossenen Lebensversicherungs- und sonstige Verträge zu Gunsten Dritter, die bei seinem Tod noch bestanden, mitzuteilen.

Bereits jetzt fordere ich Sie auf, den sich nach Auskunftserteilung ergebenden Pflichtteils- und Pflichtteilsergänzungsanspruch bis zum ... {vier Wochen} auf folgendes Konto zu überweisen: ...

Mit freundlichen Grüßen
Max Mustermann

3. Was ist ein Pflichtteilsergänzungsanspruch?

Für die Berechnung des Pflichtteils ist der Bestand und der Wert des Nachlasses am Todestag maßgebend. Damit der Erblasser das **Pflichtteilsrecht nicht dadurch aushöhlt**, dass er sein Vermögen bereits zu Lebzeiten verschenkt, sieht das BGB den Pflichtteilsergänzungsanspruch vor: Geschenke, die der Erblasser einem Dritten gemacht hat, sind dem Nachlass hinzuzurechnen (§ 2325 BGB). Sie sind dann bei der Berechnung des Pflichtteils zu berücksichtigen.

Zu beachten ist, dass auch bei einem Verkauf unter Wert eine Schenkung vorliegen kann, die Pflichtteilsergänzungsansprüche begründet.

BEISPIEL

Erblasser E verkauft seinem Sohn S eine Immobilie, die EUR 500.000 wert ist, für EUR 200.000.

Hier liegt dann eine Schenkung in Höhe von EUR 300.000 vor. Aus diesem Wert der Schenkung können bei Vorliegen der entsprechenden Voraussetzungen Pflichtteilsergänzungsansprüche geltend gemacht werden.

Auch einem Miterben kann ein Pflichtteilsergänzungsanspruch zustehen. Er muss sich den Wert seiner Erbschaft dann **anrechnen** lassen (§ 2326 BGB).

Voraussetzung für den Pflichtteilsergänzungsanspruch ist, dass der Erblasser eine Schenkung gemacht hat (zum Zeitraum und zur Höhe siehe unten). Um dies in Erfahrung zu bringen, hat der Pflichtteilsergänzungsberechtigte einen **Auskunftsanspruch** gegen den Erben. Zudem steht ihm auch ein Anspruch auf Wertermittlung (des verschenkten Gegenstandes) gegenüber dem Erben zu.

Auch wenn der Erblasser einen **Dritten** beschenkt hat, ist der Pflichtteilsergänzungsanspruch gegen den Erben zu richten. Ein Anspruch gegen den Beschenkten selbst besteht nur dann, wenn der Erbe nicht zur Pflichtteilsergänzung verpflichtet ist (§ 2329 BGB). Das ist dann der Fall, wenn kein Nachlass vorhanden beziehungsweise der Nachlass überschuldet ist und er daher nicht zur Pflichtteilsergänzung ausreicht. Aber auch dann, wenn der Erbe selbst pflichtteilsberechtigt ist, kann er die Ergänzung des Pflichtteils insoweit verweigern, dass ihm sein eigener Pflichtteil verbleibt (§ 2328 BGB). Auch in diesen Fällen kann sich ein Direktanspruch gegen den Beschenkten ergeben (§ 2329 BGB).

Im Rahmen des Pflichtteilsergänzungsanspruchs sind grundsätzlich **alle Geschenke des Erblassers in den letzten 10 Jahren vor dem Erbfall** zu berücksichtigen. Dabei werden Schenkungen innerhalb des ersten Jahres vor dem Erbfall zu 100 % berücksichtigt. Jedes weitere Jahr reduziert den in die Pflichtteilsergänzung aufzunehmenden Betrag um 10 %, sodass eine Schenkung im zweiten Jahr vor dem Erbfall mit 90 % zu berücksichtigen ist, im dritten Jahr mit 80 % usw. Nach 10 Jahren ist die Schenkung überhaupt nicht mehr zu berücksichtigen. Das nennt man **Abschmelzung.**

Hat sich der Erblasser bei der Schenkung Gegenrechte, wie insbesondere Nießbrauchsrechte oder Wohnrechte vorbehalten, sodass er das Schenkungsobjekt nach der Schenkung im Wesentlichen **weiternutzt,** beginnt die 10-Jahres-Frist von vornherein nicht zu laufen. Dann ist die Schenkung mit dem vollen Wert zu berücksichtigen.

Auch bei Schenkungen an den Ehegatten beginnt die 10-Jahres-Frist nicht vor der Auflösung der Ehe zu laufen. Das ist bei Ehen, die nicht geschieden werden, der Erbfall selbst. Schenkungen an den nicht geschiedenen Ehegatten sind damit immer im Rahmen des Pflichtteilsergänzungsanspruchs zu berücksichtigen.

BEISPIEL ZUR PFLICHTTEILSERGÄNZUNG:

Der Erblasser E verstirbt und hinterlässt zwei Töchter T 1 und T 2. In seinem Testament hat er T 1 zur Alleinerbin eingesetzt und T 2 enterbt. T 2 macht Pflichtteils- und Pflichtteilsergänzungsansprüche geltend.

Der Nachlass ist EUR 100.000 wert. Fünf Jahre vor dem Erbfall hat der Erblasser EUR 10.000 an seinen Freund F verschenkt.

In diesem Beispielsfall beträgt die Pflichtteilsquote von T 2 1/4 (gesetzliche Erbquote 1/2, davon die Hälfte). Der ordentliche Pflichtteilsanspruch, der sich aus dem Wert des vorhandenen Nachlasses berechnet, beträgt also EUR 25.000. Der Erblasser hat fünf Jahre vor seinem Tod eine Schenkung in Höhe von EUR 10.000 an F gemacht hat. Diese Schenkung ist zu berücksichtigen, da sie innerhalb der 10-Jahres-Frist vor dem Erbfall erfolgte. Allerdings ist die Schenkung nur noch mit 50 % zu berücksichtigen, da bereits fünf Jahre verstrichen sind. T 2 kann als Pflichtteilsergänzungsanspruch somit einen Geldbetrag in Höhe von EUR 1.250 (1/4 aus EUR 5.000) neben ihrem ordentlichen Pflichtteil in Höhe von EUR 25.000 als Pflichtteilsergänzung verlangen.

4. Welche Möglichkeiten gibt es, wenn es zum Streit kommt?

Kommt es zum Streit, weil der Erbe den Pflichtteils- oder Pflichtteilsergänzungsanspruch nicht erfüllt, ist der Pflichtteilsberechtigte auf die **Erhebung einer Klage** angewiesen.

Der Pflichtteilsberechtigte kann seinen Auskunfts- und Pflichtteilszahlungsanspruch durch gesonderte Klagen verfolgen. Es besteht aber auch die Möglichkeit, dass er eine sogenannte **Stufenklage** erhebt. Mit einer Stufenklage können Auskunft, Wertermittlung, eidesstattliche Versicherung und – zunächst unbeziffert – Zahlung verlangt werden. Das Gericht entscheidet dann sukzessive, das heißt Stufe für Stufe. Erst nach Erledigung einer vorhergehenden Stufe geht es zur nächsten Stufe über. Es verhandelt auch jeweils gesondert über die einzelnen Stufen.

Ein Vorteil der Stufenklage ist nicht nur, dass alle Ansprüche des Pflichtteilsberechtigten gebündelt geltend gemacht werden können, sondern auch, dass die Stufenklage die Verjährung des Pflichtteilsanspruchs hemmt.

5 Die Testamentsvollstreckung

1. Was ist eine Testamentsvollstreckung?

Mit einer Testamentsvollstreckung kann der Erblasser die **Durchsetzung seines letzten Willens** sicherstellen. Der Testamentsvollstrecker ist der „erhobene Zeigefinger des Erblassers" und in erster Linie dafür verantwortlich, dass die Vorstellungen des Erblassers bezüglich seines Nachlasses erfüllt werden.

Der Erblasser muss den Testamentsvollstrecker in seinem Testament ernennen. Der Testamentsvollstrecker hat dann die **Verwaltungs- und Verfügungsbefugnis** über den Nachlass. Der Erbe kann nicht mehr selbst auf den Nachlass zugreifen. Allerdings kann auch ein Erbe zum Testamentsvollstrecker ernannt werden.

2. Welche Arten der Testamentsvollstreckung gibt es?

Es gibt verschiedene Arten der Testamentsvollstreckung:

- Der Regelfall ist die **Abwicklungsvollstreckung.** Hier wickelt der Testamentsvollstrecker den Nachlass ab, erfüllt die Anordnungen in der letztwilligen Verfügung und führt die Auseinandersetzung des Nachlasses unter den Erben durch.
- Der Erblasser kann einen Testamentsvollstrecker auch allein zur Verwaltung des Nachlasses einsetzen. Dann spricht man von einer **Verwaltungsvollstreckung,** einer Art Vermögensverwaltung. Diese hat den Zweck, den Erben vom Nachlass fernzuhalten. Dies kann zum Beispiel bei minderjährigen Erben sinnvoll sein.
- Es gibt auch die **Vermächtnisvollstreckung:** Hier hat der Testamentsvollstrecker allein die Aufgabe, das Vermächtnis zu erfüllen.
- Unter einer **Nacherbenvollstreckung** versteht man eine Testamentsvollstreckung im Zusammenhang mit einer Vor- und Nacherbschaft. Der Nacherbenvollstrecker übernimmt die Rechte und Pflichten des Nacherben gegenüber dem Vorerben bis zum Eintritt des Nacherbfalls.

3. Welche Rechte und Pflichten hat ein Testamentsvollstrecker?

Das Amt des Testamentsvollstreckers beginnt mit dessen Annahme (§ 2202 BGB), die gegenüber dem Nachlassgericht erklärt wird.

MUSTER: ANNAHME DES TESTAMENTSVOLLSTRECKERAMTES

An das Amtsgericht .... – Nachlassgericht

Der am 15.6.2023 verstorbene Erblasser hat mich durch Testament vom 27.8.2001, welches am 10.7.2023 vom Amtsgericht .... unter dem Aktenzeichen ... eröffnet worden ist, zum Testamentsvollstrecker ernannt.

Ich nehme das Amt des Testamentsvollstreckers an und ersuche das Nachlassgericht, mir den Eingang meiner Annahmeerklärung zu bestätigen.

{Ort, Datum und Unterschrift des Testamentsvollstreckers}

Das Nachlassgericht ist auch zuständig für die **Erteilung des Testamentsvollstreckerzeugnisses.** Dieses hat die gleiche Funktion wie ein Erbschein: Der Testamentsvollstrecker kann sich durch das Testamentsvollstreckerzeugnis als solcher ausweisen. Es ist hauptsächlich zum Nachweis der Testamentsvollstreckerstellung gegenüber dem Grundbuchamt und Handelsregister erforderlich. Der Testamentsvollstrecker kann seine Stellung aber auch durch Vorlage eines notariellen Testaments oder Erbvertrags nebst Eröffnungsniederschrift des zuständigen Nachlassgerichts und einer Ausfertigung seiner Annahmeerklärung nachweisen. Liegt hingegen nur ein privatschriftliches Testament vor, ist bei Immobilien, die sich im Nachlass befinden, ein Testamentsvollstreckerzeugnis erforderlich.

Die Aufgaben des Testamentsvollstreckers hängen in erster Linie davon ab, um welche Art von Testamentsvollstreckung es sich handelt (siehe 2.).

Der Testamentsvollstrecker hat dem Erben unverzüglich nach der Annahme seines Amts unaufgefordert ein Nachlassverzeichnis vorzulegen, das mit der Angabe des Tages der Aufnahme zu versehen und vom Testamentsvollstrecker zu unterzeichnen ist (§ 2215 BGB). Die Pflicht zur Erstellung des Nachlassverzeichnisses trifft den Abwicklungsvollstrecker und den Verwaltungsvollstrecker.

Der Testamentsvollstrecker hat auch die **Steuerpflichten** für das von ihm verwaltete Vermögen zu erfüllen. Er muss dafür Sorge tragen, dass fällige Steuern aus dem Nachlass, der seiner Verwaltung unterliegt, pünktlich entrichtet werden. Der Testamentsvollstrecker muss insbesondere auch die Erbschaftsteuererklärung abgeben.

Der Testamentsvollstrecker ist zur ordnungsgemäßen Verwaltung des Nachlasses verpflichtet (§ 2206 BGB). Er muss die Anordnungen des Erblassers beachten und alle Maßnahmen in die Wege leiten, die der Erhaltung, Sicherung, Nutzung und Vermehrung des verwalteten Nachlasses dienen. Der Testamentsvollstrecker ist nicht berechtigt, **Schenkungen** vorzunehmen.

Auf Verlangen des Erben hat der Testamentsvollstrecker **Auskunft** über den Stand der Verwaltung zu erteilen. Bei einer länger dauernden Testamentsvollstreckung (Abwicklungs- oder Verwaltungsvollstreckung) kann der Erbe eine jährliche Rechnungslegung verlangen (§ 2218 Absatz 2 BGB). Rechnungslegung bedeutet die Vorlage einer geordneten und übersichtlichen Zusammenstellung der Einnahmen und Ausgaben unter Vorlage der Belege.

Der Testamentsvollstrecker kann für seine Tätigkeit eine angemessene Vergütung verlangen, wenn der Erblasser nichts anderes bestimmt hat (§ 2221 BGB). In erster Linie richtet sich die Höhe der Vergütung des Testamentsvollstreckers also nach der Anordnung des Erblassers. Ist der Testamentsvollstrecker mit der Vergütungsregelung des Erblassers nicht einverstanden, hat er nur die Möglichkeit, die Testamentsvollstreckung abzulehnen, diese zu kündigen oder mit den Erben eine Vereinbarung über seine Vergütung auszuhandeln.

Gibt es **keine Anordnung** des Erblassers, werden in der Praxis für die Bestimmung der angemessenen Vergütung des Testamentsvollstreckers verschiedene Tabellen herangezogen, so z. B. die „Neue Rheinische Tabelle", auf die auch in der Rechtsprechung zunehmend zurückgegriffen wird. Hiernach richtet sich die Vergütung des Testamentsvollstreckers nach dem Wert des Nachlasses:

- bis EUR 250.000 = 4 %
- bis EUR 500.000 = 3 %
- bis EUR 2.500.000 = 2,5 %
- bis EUR 5.000.000 = 2,0 %
- über EUR 5.000.000 = 1,5 %

Die Vergütung des Testamentsvollstreckers ist grundsätzlich erst **mit der Beendigung der Testamentsvollstreckung in einer Summe** fällig. Bei länger andauernder Testamentsvollstreckung kann der Testamentsvollstrecker jedoch periodisch **Teilzahlungen** – in der Regel jährlich – verlangen.

Auch die **Dauer** der Testamentsvollstreckung richtet sich in erster Linie nach den Anordnungen des Erblassers. Der Testamentsvollstrecker kann sein Amt jedoch jederzeit kündigen.

4. Welche Möglichkeiten gibt es, wenn es zum Streit kommt?

Der Testamentsvollstrecker ist zwar nicht der Überwachung oder Aufsicht durch das Nachlassgericht unterstellt. Kommt es zu Streitigkeiten zwischen den Erben und dem Testamentsvollstrecker, kann dieser aber **verklagt** werden.

Der Testamentsvollstrecker kann auf **Schadensersatz** verklagt werden, wenn er gegen ihm obliegende Verpflichtungen verstößt (§ 2219 Absatz 1 BGB). Er kann zur Vornahme bestimmter Handlungen oder auf Unterlassung einer pflichtwidrigen Handlung verklagt werden. Der Erbe kann den Testamentsvollstrecker insbesondere auf Erstellung des Nachlassverzeichnisses und auf Rechnungslegung verklagen. Entnimmt der Testamentsvollstrecker eine zu hohe Vergütung, ist auch eine Klage des Erben auf Rückzahlung der entnommenen Vergütung möglich.

Bei einer **groben Pflichtverletzung oder einer Unfähigkeit des Testamentsvollstreckers** zur ordnungsgemäßen Geschäftsführung kann das Nachlassgericht den Testamentsvollstrecker auf Antrag entlassen (§ 2227 BGB). Insbesondere die Nichterstellung des geschuldeten Nachlassverzeichnisses kann eine grobe Pflichtverletzung darstellen, die zur Entlassung des Testamentsvollstreckers führt. Gleiches gilt für die Entnahme einer absolut unangemessen hohen Vergütung aus dem Nachlass.

Umgekehrt kann auch der Testamentsvollstrecker den Erben verklagen. Zum Beispiel kann der Testamentsvollstrecker eine Klage gegen den Erben auf **Feststellung einer angemessenen Vergütung** erheben. Ist der Testamentsvollstrecker für die Auseinandersetzung des Nachlasses zuständig, ist er auf Auskünfte des Erben über Zuwendungen, die dieser zu Lebzeiten vom Erblasser erhalten hat, angewiesen. Auch derartige Auskünfte kann der Testamentsvollstrecker einklagen.

6 Steuerrechtliche Aspekte

1. Was ist bei der Erbschaft- und Schenkungssteuererklärung zu beachten?

Tritt ein Erbfall ein oder wird zu Lebzeiten eine Schenkung getätigt, stellt sich stets die Frage, ob der Vorgang Steuern auslöst und wenn ja, in welcher Höhe. Die Beantwortung der Frage richtet sich danach, in welchem Verwandtschaftsverhältnis der Begünstigte zum Erblasser bzw. Schenker steht und wieviel er von ihm erhalten hat. Das Erbschaftsteuerrecht nimmt dabei folgende Unterteilung vor:

a) Steuerklassen und Höhe der Freibeträge (diese entstehen alle zehn Jahre neu):

Personengruppe	Steuerklasse (§ 15 ErbStG)	Freibetrag (§ 16 ErbStG)
Ehe- und eingetragene (gleichgeschlechtliche) Lebenspartner	I	500.000 EUR
Kinder, Enkelkinder (sofern Eltern vorverstorben), Stief- und Adoptivkinder	I	400.000 EUR
Enkelkinder	I	200.000 EUR
Groß-/Eltern bei Erwerb durch Erbschaft, Urenkel	I	100.000 EUR
Groß-/Stief-/Eltern bei Erwerb durch Schenkung, Geschwister und deren Kinder, Schwiegerkinder/-eltern, geschiedene Ehepartner, Lebenspartner bei aufgehobener Lebenspartnerschaft	II	20.000 EUR
Alle übrigen	III	20.000 EUR

b) Steuersätze

Erwerb bis	Steuersatz in Klasse I	Steuersatz in Klasse II	Steuersatz in Klasse III
75.000 EUR	7 %	15 %	30 %
300.000 EUR	11 %	20 %	
600.000 EUR	15 %	25 %	
6 Millionen EUR	19 %	30 %	
13 Millionen EUR	23 %	35 %	50 %
26 Millionen EUR	27 %	40 %	
Jeder höhere Erwerb	30 %	43 %	

c) Steuerbefreiungen und Privilegierungen

Das Erbschaft- und Schenkungssteuergesetz kennt diverse Steuerbefreiungen und Privilegierungen:

Betriebsvermögen kann unter Einhaltung bestimmter Voraussetzungen zu 85 % oder gar zu 100 % privilegiert sein, wenn der Betrieb vom Erwerber fortgeführt wird (§§ 13a–c ErbStG).

Besonders interessant ist das sog. **Familienheimprivileg:** Erbt ein Ehegatte eine **selbstgenutzte Immobilie,** also das Familienheim, muss er – unabhängig vom Wert der Immobilie – keine Erbschaftsteuer zahlen, wenn er sie mindestens zehn Jahre ab Erbfall zu Wohnzwecken selbst nutzt. Kann der Ehegatte die Immobilie aus zwingenden Gründen nicht mehr selbst nutzen, weil er z. B. in einem Pflegeheim betreut werden muss, bleibt es bei der Erbschafts- bzw. Schenkungssteuerfreiheit. Das Familienheimprivileg greift auch bei Schenkungen unter Eheleuten zu Lebzeiten, ist dann allerdings an keine zeitliche Bedingung geknüpft.

Auch **Kinder** kommen im Erbfall (und nur dann – bei Schenkungen zu Lebzeiten greift das Familienheimprivileg nicht) in den Genuss der Privilegierung. Allerdings müssen dann zusätzlich weitere Voraussetzungen erfüllt sein: Die Wohnfläche darf 200 qm nicht übersteigen.

Bei Eheleuten, die im Güterstand der **Zugewinngemeinschaft** verheiratet sind, ist zudem § 5 ErbStG zu beachten. Danach darf bei der Berechnung der Erbschaftsteuer in bestimmten Fällen die fiktive Zugewinnausgleichsforderung in Höhe von pauschal 1/4 von der Bemessungsgrundlage für die Erbschaftsteuer herausgerechnet werden.

BERECHNUNGSBEISPIEL

Erblasser E hinterlässt ein Vermögen in Höhe von 1.200.000 EUR in Form von Bankvermögen und vermieteten Immobilien. Gesetzliche Erben sind zu jeweils 1/2 die Ehefrau F, mit der er in Zugewinngemeinschaft (also ohne Ehevertrag) verheiratet war und die gemeinsame Tochter T. Welche Erbschaftsteuer kommt auf die Erben zu?

Lösung:
F erbt ½ des Vermögens und damit 600.000 EUR. Als Ehefrau darf sie einen persönlichen Freibetrag von 500.000 EUR vom Erwerb abziehen (§ 16 Abs. 1 ErbStG). Es verbleiben damit 100.000 EUR, die an sich mit 11 % von F versteuert werden müssten. Allerdings darf F als „Zugewinn-Ehefrau" zusätzlich zu ihrem Freibetrag eine fiktive Zugewinnausgleichsforderung in Höhe von 1/4 und damit 300.000 EUR von ihrem Erbe abziehen (§ 5 Abs. 1 ErbStG, § 1371 Abs. 1 BGB). Es ergibt sich im Rahmen der Bemessung der Erbschaftsteuer folgende Berechnung:

Erwerb von Todes wegen als Ehefrau (1/2)	600.000 EUR
abzgl. Zugewinnausgleichsforderung	./. 300.000 EUR
Zwischensumme:	300.000 EUR
abzgl. persönlicher Freibetrag	./. 500.000 EUR
Gesamt	−200.000 EUR
Erbschaftsteuer	0 EUR

Ehefrau F muss also im Beispielsfall **keine Erbschaftsteuer** bezahlen.

Tochter T erbt ebenfalls 600.000 EUR. Als Tochter unterfällt sie Steuerklasse I und darf einen persönlichen Freibetrag in Höhe von 400.000 EUR von ihrem Erwerb von Todes wegen abziehen. Es verbleiben steuerlich relevante 200.000 EUR, die F nach Tarif mit 11 % und damit mit 22.000 EUR versteuern muss:

Erwerb von Todes als Tochter (1/2)	600.000 EUR
abzgl. persönlicher Freibetrag	./. 400.000 EUR
Gesamt	200.000 EUR
daraus Erbschaftsteuer 11 %	22.000 EUR

Erbschaften und Schenkungen unterliegen einer **Meldepflicht.** Sie müssen beim Finanzamt innerhalb von **drei Monaten nach Kenntnis vom Vermögensanfall angezeigt werden.** Zuständig ist grundsätzlich das Finanzamt, in dessen Bezirk der Erblasser im Zeitpunkt seines Todes oder der Schenker zum Zeitpunkt der Ausführung der Schenkung seinen Wohnsitz oder seinen gewöhnlichen Aufenthalt hatte.

Ausgenommen von der Meldepflicht durch den Erwerber sind Schenkungen oder Erbschaften, bei denen das Finanzamt auf andere Weise ohnehin vom Vorgang erfährt, also zum Beispiel:

- wenn ein Erbschein beantragt wurde und das Nachlassgericht das Finanzamt informiert,
- oder aber, wenn ein Notar eine Schenkung beurkundet und die Schenkung – wozu er verpflichtet ist – beim Finanzamt anzeigt.

Eine Meldepflicht besteht in jedem Fall, wenn zum Nachlass Grundbesitz, Anteile an Kapitalgesellschaften, Betriebs- oder Auslandsvermögen rechnen. Hier ist der Vorgang dem Erbschaftsteuerfinanzamt **immer** anzuzeigen. Von einem Erbfall an sich erfährt das Finanzamt übrigens in jedem Fall. Hierüber informieren die Standesämter per automatischer Mitteilung über einen Sterbefall (§ 6 ZTRV, § 34 ErbStG, § 62 Abs. 1 PStV).

d) Die Erbschaftsteuererklärung

Nach Anzeige des Erbfalls **kann** das Finanzamt zur Abgabe einer Steuererklärung auffordern. In der Erbschaftsteuererklärung muss das gesamte Vermögen des Erblassers angegeben werden. Ebenfalls müssen **alle Vorschenkungen angezeigt** werden und zwar unabhängig davon, wie lange sie zurückliegen. Auf dem sog. Mantelbogen werden sodann die Eckdaten des Erbfalls angegeben. In den Anlagen zum Mantelbogen wird verzeichnet, wie der Nachlass verteilt wird und welche Steuerbefreiungen bestehen. In der Regel werden folgende Punkte abgefragt:

- Zeitpunkt des Todes
- Erblasser
- Beteiligte
- hinterlassene Vermögenswerte
- Nachlassverbindlichkeiten
- Vorschenkungen
- sonstige Bemerkungen

An sich müsste jeder Erbe eine eigene Erbschaftsteuererklärung abgeben. Sofern eine Erbengemeinschaft besteht, ist es aus Gründen der Einheitlichkeit des Vorgangs allerdings sinnvoll, dass sich **alle Erben gemeinsam** erklären und den Mantelbogen nur einmal ausfüllen.

Im Rahmen der sog. „Anlage Erwerber" wird der Anteil (inklusive der Nachlassschulden) des einzelnen Mit-/Erben, des Vermächtnisnehmers, des Pflichtteilsberechtigten oder eines in sonstiger Weise (z. B. über eine Lebensversicherung) am Nachlass Begünstigten angegeben.

> ⚠ **ACHTUNG**
>
> **Die Erbschaftsteuer ist eine Landessteuer, die ausschließlich den einzelnen Bundesländern zugutekommt. Es gibt daher keine bundesweit allgemeingültige Erbschaftsteuererklärung. Sie unterscheidet sich vielmehr von Bundesland zu Bundesland.**

e) Die Schenkungssteuererklärung

Auch bei Schenkungen zu Lebzeiten kann die Abgabe einer Schenkungssteuererklärung notwendig werden. Die zugehörigen Formulare werden von den Landesfinanzbehörden ausgegeben. Im Rahmen der Schenkungssteuererklärung werden folgende Punkte abgefragt:

- Zeitpunkt der Schenkung
- Personendaten des Schenkers/des Beschenkten
- Verwandtschaftsgrad
- Kostenschuldner der Steuer: Schenker oder Beschenkter
- Schenkungsgegenstand
- Erwerbsnebenkosten
- Vorschenkungen
- Sonstige Bemerkungen

> ⚠ **ACHTUNG**
>
> **Für die Begleichung der Schenkungssteuer haften sowohl Schenker als auch Beschenkter. Übernimmt der Schenker für den Beschenkten die Bezahlung der Steuer, so stellt dies wiederum eine zusätzliche (und ebenfalls steuerrelevante) Schenkung dar. Die Vor- und Nachteile einer Kostenübernahme sollten von einem Steuerberater vor Vornahme der Schenkung geprüft werden.**

2. Wie wird der Wert eines Vermögens- und Nachlassgegenstandes ermittelt?

Maßgeblich für die Ermittlung der Höhe der Erbschaft- und Schenkungssteuer ist der **Wert des Nachlass-/Schenkungsgegenstands zum Zeitpunkt des Erbfalles oder der Schenkung.** Basis der Nachlassbewertung ist dabei grundsätzlich der sog. **„gemeine" Wert,** also der **Verkehrswert** eines Vermögensgegenstands. Unter Verkehrswert versteht man den Preis, der bei einem Verkauf gewöhnlich erzielbar wäre.

Bewertungsbeispiele:

- **Wertpapiere:** Wertpapiere werden mit dem niedrigsten Kurswert zum Stichtag des Todes des Erblassers bzw. am Tag der Schenkung angesetzt.
- **Lebens-, Kapital- und Rentenversicherungen:** Lebens-, Kapital- und Rentenversicherungen werden, sofern sie bereits fällig sind, mit der Auszahlungssumme oder dem Kapitalwert berücksichtigt. Sind die Ansprüche noch nicht fällig, ist der Rückkaufswert maßgeblich.
- **Kunstgegenstände:** Kunstgegenstände bleiben mit 60 % bis zu 100 % ihres Werts steuerfrei (vgl. § 13 Abs. 1 Nr. 2 lit. a ErbStG), wenn bestimmte Voraussetzungen erfüllt sind. So muss unter anderem die Erhaltung der Gegenstände im öffentlichen Interesse liegen und die Gegenstände müssen der Allgemeinheit für Zwecke der Forschung oder der Volksbildung zugänglich sein. In allen übrigen Fällen erfolgt eine Besteuerung. Maßgeblich ist auch hier der gemeine Wert. Die Finanzverwaltung agiert bei Kunstobjekten im Nachlass allerdings in Anbetracht der oft schwierigen Verwertungsaussichten vorsichtig. Im Zweifel darf ein Sachverständiger bei einem Wertrahmen zugunsten des Steuerschuldners schätzen.

 **TIPP**

Der Wert der einzelnen Gegenstände muss bei einem Erbfall in der Erbschaftsteuererklärung unter Angabe eines **Schätzungswerts** verzeichnet werden. Sofern sich die Wertangaben dabei in einem realistischen Bereich bewegen, wird das Finanzamt wahrscheinlich auch die angegebenen Werte bei der Bemessung einer potentiellen Erbschaftsteuer zugrunde legen. Nur in begründeten Ausnahmefällen verlangt das Finanzamt einen Nachweis.

- **Immobilien:** Der Wert von Immobilienvermögen im Nachlass wird vom Finanzamt auf Basis des Bewertungsgesetzes (BewG) und der Grundvermögensbewertungsverordnung (GrbewV) ermittelt.
- Bei **unbebauten Grundstücken** ist der Bodenrichtwert maßgeblich, der sodann mit der Quadratmetergröße des Grundstücks multipliziert wird.
- **Bebaute Grundstücke** werden auf Basis der drei gängigen Bewertungsmethoden ermittelt. Diese sind:
  - Das Vergleichswertverfahren, sofern Preise aus Verkäufen vergleichbarer Immobilien beim Gutachterausschuss der zuständigen Gemeinde verzeichnet sind,
  - das Sachwertverfahren, das sich an den aktuellen Herstellungskosten des Objekts orientiert und
  - das Ertragswertverfahren, das auf die erzielbaren Einnahmen bei vermieteten Objekten abstellt.

Ab dem 1.1.2023 erfuhr das Bewertungsgesetz diverse Änderungen, die Auswirkungen auf das Sachwert- und das Ertragswertverfahren haben. So wird die Gesamtnutzungsdauer von ehedem 70 auf dann 80 Jahre erhöht. Dadurch steigt die Restnutzungsdauer einer Immobilie und damit auch ihr Wert. Weiter werden die Bewirtschaftungskosten künftig jährlich indexiert. Das soll zu einer präziseren Ausrichtung an die Marktwerte führen. Der Liegenschaftszinssatz (darunter versteht man eine Rentabilitätskennzahl) wird gesenkt. Auch hiermit kann eine (im Einzelfall erhebliche) Wertsteigerung einhergehen. Eingeführt wurde auch ein Regionalfaktor, der den Unterschied zwischen den bundesdurchschnittlichen und dem regionalen Baukostenniveau berücksichtigen soll. Auch das kann in besonders teuren Lagen zu Werterhöhungen führen.

TIPP

Grundsätzlich übernimmt das Finanzamt selbst die Bewertung von Immobilienvermögen. Ein Gutachten muss bei der Einreichung der Erbschaftsteuererklärung bei Immobilienvermögen nicht verpflichtend vorgelegt werden. Es kann allerdings hilfreich sein, sofern besondere Umstände vorliegen (z. B. Schäden an der Bausubstanz), die das Finanzamt bei der Bewertung berücksichtigen soll.

- **Unternehmensbeteiligungen:** Unternehmensbeteiligungen gehören zum Betriebsvermögen und sind regelmäßig im Erbfall und auch bei lebzeitigen Übertragungen zu 85 % – 100 % begünstigt (§§ 13a ff. ErbStG). Liegen die Tatbestände für eine Begünstigung nicht oder jedenfalls teilweise nicht vor, muss das Betriebsvermögen bewertet werden. Diese steuerliche Bewertung ist komplex.

TIPP

Es empfiehlt sich bei Fragen der Unternehmensbewertung den Rat eines Steuerberaters/einer Steuerberaterin oder eines Wirtschaftsprüfers/einer Wirtschaftsprüferin einzuholen.

- **Land- und forstwirtschaftliches Vermögen:** Land- und forstwirtschaftliches Vermögen rechnet zum regelmäßig steuerlich begünstigten Vermögen (§ 13a ErbStG). Bewertungsrechtlich werden land- und forstwirtschaftliche Betriebe zum Grundbesitz gerechnet. Es muss also im Rahmen der Bewertung der Grundbesitzwert ermittelt werden. Der Gesetzgeber orientiert sich bei der Bewertung an zwei Bewertungsverfahren: dem Reingewinnverfahren und dem Mindestwertverfahren. Angesetzt werden Bedarfswerte, die regelmäßig niedriger ausfallen als Verkehrswerte.

3. Welche ertragsteuerlichen Besonderheiten müssen berücksichtigt werden?

Neben erbschaft- und schenkungssteuerlichen Fragen, können sich bei einem Erbfall auch **ertragsteuerliche und verkehrssteuerliche** Erwägungen stellen.

a) Grunderwerbsteuer

Erwerbsvorgänge, die der Erbschafts- und Schenkungssteuer unterliegen, sind sachlich von der Grunderwerbsteuer **befreit** (§ 3 Ziff. 1 S. 1 GrEStG). Wird also lebzeitig im Rahmen einer Schenkung Vermögen übertragen oder fällt das Vermögen in Folge einer Erbschaft an, fällt grundsätzlich nicht noch zusätzlich Grunderwerbsteuer an. Anders ist das allerdings bei **Schenkungen unter einer Auflage,** wozu auch vorbehaltene Nießbrauchsrechte zählen. Greifen in diesen Fällen keine persönlichen Steuerbefreiungen (Übertragung von Vermögen unter Personen, die in gerader Linie miteinander verwandt sind), ist der Vorgang grunderwerbsteuerpflichtig. Kritisch sind damit beispielsweise **lebzeitige Übertragungen unter Geschwistern.** Diese liegen auch vor, wenn Geschwister Vermögenswerte, die sie von den Eltern zu deren Lebzeiten erhalten haben, untereinander später tauschen.

TIPP

Eine steuerliche Beratung kann bei einer Vermögensübertragung zwischen Personen, die nicht in gerader Linie miteinander verwandt sind, sinnvoll sein. Hierzu rechnen vor allem Übertragungen unter Geschwistern sowie nicht oder nur entfernt verwandten Personen.

b) Einkommensteuer

Auch in einkommensteuerlicher Hinsicht ist Vorsicht geboten. Die Beurteilung, ob der Verkauf einer ererbten Immobilie sinnvoll ist, hängt auch von steuerlichen Erwägungen ab. In manchen Fällen erhebt das Finanzamt nämlich bei privaten Veräußerungsgeschäften eine sog. **Spekulationssteuer** (§ 23 EStG). Wichtig ist insbesondere, ob der Verstorbene das Objekt vor dem Erbfall selbst bewohnt hat bzw. wie lange der Erblasser bei vermieteten Objekten bereits Eigentümer war. Im Falle der Selbstnutzung fällt keine Spekulationssteuer an. War die Immobilie vermietet und hatte der Erblasser sie weniger als zehn Jahre vor dem geplanten Verkauf in seinem Eigentum, kann eine Spekulationssteuer anfallen. Ausnahmen macht das Gesetz dann, wenn entweder der Erblasser oder der Erwerber (Erbe/Vermächtnisnehmer) das Objekt im Jahr des Verkaufs sowie in den zwei vorangegangenen Kalenderjahren dauerhaft bewohnt haben oder die Kinder im gleichen Zeitraum darin unentgeltlich haben wohnen lassen.

⚠ ACHTUNG

Maßgeblich für die Bestimmung der Zehnjahresfrist ist das Datum des notariell beurkundeten Kaufvertrags, sowohl was den Kauf als auch, was den Verkauf betrifft. Das Datum des Erbfalls ist irrelevant.

7 Notwendige Überlegungen vor dem Erbfall

1. Brauche ich ein Testament oder genügt die gesetzliche Erbfolge?

Bei der eigenen Vermögensnachfolgeplanung stellt sich stets die Frage, ob ein Testament oder ein Erbvertrag errichtet werden soll, oder ob man es schlicht bei der gesetzlichen Erbfolge belassen und den Dingen seinen Lauf lassen kann. Die Beurteilung hängt nicht zuletzt vom Umfang des Vermögens und von den im Erbfall betroffenen Personen ab.

Zusammenlebende, nichteheliche Paare, die sich selbst absichern wollen, tun gut daran, eine letztwillige Verfügung zu errichten. Schließlich stehen ihnen sonst beim Tod des anderen keinerlei Rechte zu.

Auch **kinderlose, verheiratete Paare** sollten über ein Testament nachdenken. Tritt nämlich die gesetzliche Erbfolge ein, erben die Eltern und/oder die Geschwister des verstorbenen Partners mit.

Paare mit Kindern sollten sich Gedanken darüber machen, ob die gesetzliche Erbfolge und eine damit verbundene zwangsläufig entstehende Erbengemeinschaft beim Erbfall des Partners tatsächlich das Richtige für den Längerlebenden und die Kinder ist. Immerhin unterliegen Erbengemeinschaften diversen Abwicklungsschwierigkeiten, die sich gerade bei der Beteiligung von Minderjährigen oder aber auch dann, wenn mehrere Erbfälle hintereinander eintreten und plötzlich unerwartete weitere Personen (z. B. Schwiegerkinder) nachrücken, negativ auswirken können. Das gilt auch für den zweiten Erbfall, wenn sich die eigenen Kinder in einer Erbengemeinschaft wiederfinden.

Ein gutes Testament kann nicht nur eine vielleicht ungleich gewichtete lebzeitige Vermögensverteilung im Erbfall ausgleichen, sondern berücksichtigt immer auch das persönliche Verhältnis der Erben untereinander. Beispielsweise kann eine Testamentsvollstreckung zu einer erheblichen Verringerung des Streitpotentials unter den Miterben führen. Sind im Erbfall gar **Menschen mit Behinderung** betroffen, erfordert es in jedem Fall die Errichtung einer letztwilligen Verfügung, die sowohl den behinderten Angehörigen, aber auch andere Familienmitglieder entsprechend absichert. Auch steuerliche Erwägungen können je nach Höhe und Zusammensetzung des Vermögens eine Rolle spielen. Nur eine von einem im Erbrecht erfahrenen Juristen beratene letztwillige Verfügung führt zu einer optimalen steuerlichen Verteilung der Vermögenswerte im Erbfall.

Hat man sich dazu entschieden, eine letztwillige Verfügung zu errichten, kommen folgende Regelungskonzepte in Betracht:

- **Einzeltestament:** Ein Einzeltestament wird von einer Person alleine errichtet. Es unterliegt keinerlei Bindungswirkung und kann jederzeit geändert werden. Errichtet werden kann das Einzeltestament entweder **handschriftlich, also persönlich ge- und unterschrieben** oder aber in notariell beurkundeter Form.
- **Ehegattentestament:** Ein Ehegattentestament wird auch gemeinschaftliches Testament oder Berliner Testament genannt. Es kann ausschließlich von Eheleuten oder von Partnern einer eingetragenen (gleichgeschlechtlichen) Lebenspartnerschaft errichtet werden. Das Gesetz sieht bei einer handschriftlichen Errichtung gewisse Formerleichterungen vor. Wirksam ist das Testament, wenn es von einem der Eheleute insgesamt **persönlich geschrieben und unterschrieben** worden ist. Der andere Ehegatte muss das Testament lediglich ebenfalls noch mit persönlicher Unterschrift und idealerweise mit den Worten „Das ist auch mein letzter Wille" unterschreiben. Alternativ kann auch ein Ehegattentestament notariell beurkundet werden. Das ist allerdings keine zwingende Errichtungsvoraussetzung. Ehegattentestamente sind in der Regel nach dem Tod des ersten Ehegatten **bindend für den Längerlebenden und können nicht mehr geändert** werden. Wer dies nicht möchte, sollte das bereits bei der Errichtung des Testaments ausdrücklich so formulieren.
- **Erbvertrag:** Ein Erbvertrag ist unter Verwandten, Eheleuten, aber auch unter Dritten möglich. Er muss zwingend **notariell beurkundet** werden. Meistens unterliegt der Erbvertrag einer bereits zu Lebzeiten, aber auch von Todes wegen geltenden Bindungswirkung und kann nach der Errichtung **nicht mehr einseitig abgeändert** werden. Diese strikte Bindungswirkung sollte vor Abschluss eines Erbvertrages gut bedacht sein.

⚠ **ACHTUNG**

Das Gesetz sieht in bestimmten Fällen Testamentssonderformen vor. Man spricht in diesen Fällen auch von sog. Nottestamenten. Hierunter fallen das Bürgermeistertestament, das Seetestament und das Drei-Zeugen-Testament. Ein Nottestament wird regelmäßig im Angesicht des Todes ausnahmsweise mündlich errichtet und unterliegt einer Verfallsdauer von drei Monaten.

2. Welche zusätzlichen Vorsorgeregelungen außerhalb eines Testaments muss ich treffen?

Die meisten Menschen bewegt neben der Frage der Verteilung ihres Vermögens nach dem Erbfall die Sorge **nach der eigenen Absicherung zu Lebzeiten.** Es kommen folgende Regelungsinstrumente in Betracht:

- **Vorsorgevollmacht:** Die Vorsorgevollmacht ermöglicht es einer Vertrauensperson (= Vollmachtnehmer oder auch Bevollmächtigter), rechtswirksame Entscheidungen zu treffen, wenn man selbst nicht mehr hierzu in der Lage ist. Existiert keine Vorsorgevollmacht, muss vom zuständigen Betreuungsgericht ein gesetzlicher Betreuer bestellt werden, der dann für den Betroffenen die Geschäfte führt. Dieser staatliche Eingriff wird zurecht von vielen Menschen als belastend empfunden und daher nicht gewünscht. Mit einer Vorsorgevollmacht kann man dem entgegenwirken. Eine Vorsorgevollmacht sollte zumindest schriftlich errichtet werden. Verfügt der Vollmachtgeber über Immobilien- und/oder Gesellschaftsvermögen, muss die Vorsorgevollmacht allerdings in öffentlicher Form errichtet worden sein, um umfassend zu wirken. Hierunter versteht man eine Beglaubigung vor einem Notar oder der Betreuungsbehörde oder eine notarielle Beurkundung.

BEISPIEL

Eine Beurkundung löst Kosten – je nach Vermögen des Vollmachtgebers – von maximal 1.735 EUR zzgl. USt. und Auslagen aus. Eine notarielle Beglaubigung kostet pro Dokument zwischen 20 EUR und 70 EUR zzgl. USt., Auslagen und Registrierungskosten. Am günstigsten ist eine Beglaubigung vor der Betreuungsbehörde. Hier fallen lediglich 10 EUR zzgl. Auslagenersatz an.

⚠ **ACHTUNG**

Die Beglaubigung einer Vorsorgevollmacht ist meist günstiger als die Beurkundung, birgt allerdings diverse Schwächen. So ermächtigt ein lediglich beglaubigtes Dokument nicht zur Aufnahme von Verbraucherdarlehen. Wurde die Vorsorgevollmacht nur vor der Betreuungsbehörde und nicht von einem Notar beglaubigt, endet die Ermächtigung des Bevollmächtigten mit dem Tod des Vollmachtgebers. Ein transmortales Handeln ist dann nicht mehr möglich.

- **Betreuungsverfügung**: Mit einer Betreuungsverfügung kann man festlegen, wen das Betreuungsgericht als gerichtlichen Betreuer bestellen soll. Dieser kann dann den Betreuten rechtlich vertreten.
Der Unterschied zur Vorsorgevollmacht liegt in der übergeordneten staatlichen Kontrolle durch das Betreuungsgericht. Anders als ein Bevollmächtigter unterliegt der Betreuer nämlich zahlreichen gerichtlichen Genehmigungspflichten. Er kann also nicht so frei handeln wie ein Bevollmächtigter. Eine Betreuungsverfügung kann mündlich ausgesprochen, sollte aber idealerweise zumindest schriftlich errichtet werden. Eine öffentliche Form ist nicht vorgeschrieben. Zudem kann sie auch dann noch verfasst werden, wenn der Betroffene zwar nicht geschäftsfähig, aber zumindest einsichtsfähig ist.

- **Patientenverfügung:** Unter einer Patientenverfügung versteht man Anweisungen an den Betreuer, an den Vorsorgebevollmächtigten und an das behandelnde Ärzteteam regelmäßig in Fällen, in denen der Sterbeprozess bereits begonnen hat. Die Patientenverfügung regelt nicht, wer Bevollmächtigter oder Betreuer ist. Das geschieht im Rahmen der

Vorsorgevollmacht oder der Betreuungsverfügung. Die Patientenverfügung macht allerdings konkrete Vorgaben, welche Wünsche der Vertreter (Bevollmächtigter oder Betreuer) beachten und im Zweifel durchsetzen soll, wenn der Betroffene nicht mehr selbst entscheiden kann. Eine Patientenverfügung muss schriftlich errichtet werden. Eine öffentliche Errichtungsform (Beurkundung/Beglaubigung vor einem Notar oder vor der Betreuungsbehörde) ist gesetzlich **nicht** vorgeschrieben.

TIPP

Die Broschüre *„Vorsorge für Unfall, Krankheit, Alter"*, enthält eine ausführliche Darstellung der Patientenverfügung, der Vorsorgevollmacht und der Betreuungsverfügung sowie entsprechende rechtlich wirksame Formulare zum Ausfüllen (überall im Buchhandel erhältlich für € 7,90, Verlag C.H.BECK, ISBN 978-3-406-79609-8).

- **Bestattungsverfügung:** Es besteht die Möglichkeit, neben den zuvor genannten Vorsorgeverfügungen weitere sog. Vorsorgedokumente zu erstellen. Besonders wichtig ist hierbei die Bestattungsverfügung. Im Rahmen einer Bestattungsverfügung kann der Ablauf der eigenen Bestattung geregelt werden. Oft bieten auch Bestattungsinstitute diesen Service an. Der Vorteil der Errichtung einer Bestattungsverfügung liegt darin, die Hinterbliebenen bei der Entscheidungsfindung entsprechend zu entlasten. Eine Bestattungsverfügung sollte idealerweise schriftlich errichtet werden.

⚠ ACHTUNG

Eine Abfassung von Wünschen zur Bestattung **im Rahmen eines Testaments ist nicht empfehlenswert.** Schließlich ist die Bestattung in der Regel längst vorbei, ehe das Testament vom Nachlassgericht eröffnet wird. Idealerweise gehören Bestattungsverfügungen daher in die Hände von Bevollmächtigten oder Betreuern, die dann für die Umsetzung der Wünsche Sorge tragen.

TIPP

„Meine Vorsorgemappe" enthält u.a. die Broschüre *„Vorsorge für den Notfall"*, in der Sie alle wichtigen Informationen für Ihre Angehörigen zusammenfassen und auch Wünsche für Ihre Bestattung notieren können. Daneben enthält sie die Broschüren *„Vorsorge für Unfall, Krankheit, Alter"* und *„Vorsorge für den Erbfall"* (überall im Buchhandel erhältlich für € 23,00, Verlag C.H.BECK, ISBN 978-3-406-79822-1).

3. In welchen Fällen machen Schenkungen zu Lebzeiten Sinn?

Eine vorausschauende **Vermögensnachfolgeplanung** berücksichtigt stets die Frage nach Vermögensübertragungen zu Lebzeiten. Juristen sprechen in diesem Zusammenhang auch von **vorweggenommener Erbfolge** oder **Zuwendungen mit warmer Hand** (im Gegensatz zur „kalten Hand", also durch Testament). Schenkungen zu Lebzeiten können in zweierlei Hinsicht sinnvoll sein: aus zivilrechtlichen und/oder aus steuerlichen Erwägungen.

Zivilrechtliche Gründe für lebzeitige Übertragungen liegen oft im Pflichtteilsrecht. So können die Ansprüche unliebsamer pflichtteilsberechtigter Personen durch eine geschickte Strategie vermieden oder zumindest reduziert werden. Grundsätzlich hat ein Pflichtteilsberechtigter einen Anspruch darauf, dass Schenkungen bei der Berechnung seines Anspruchs berücksichtigt werden, also seinen Anteil nicht schmälern. Liegt die Schenkung allerdings länger als zehn Jahre vor dem Erbfall, bleibt sie unberücksichtigt. Auch zuvor dürfen pro Jahr 10 % von der Bemessungsgrundlage abgeschmolzen werden (siehe S. 30). Das gilt allerdings nicht uneingeschränkt: Erfolgt die Schenkung unter Vorbehalt von Nutzungsrechten (Nießbrauch/Wohnrecht) oder beschenken sich Eheleute, läuft keine Frist. In diesen Fällen sind Schenkungen also immer zu berücksichtigen. Sie können sich allerdings trotzdem lohnen. Immerhin dürfen vorbehaltene Nutzungsrechte zu Lasten des Pflichtteilsberechtigten in vielen Fällen abgezogen werden vom Schenkungswert.

Steuerliche Gründe für lebzeitige Übertragungen liegen in der optimalen Ausreizung der Erbschaft- und Schenkungssteuerfreibeträge. Das Gesetz gewährt diese Freibeträge nämlich alle zehn Jahre neu. Wer also rechtzeitig damit anfängt, Vermögen auf die nächste Generation zu übertragen, kann damit erreichen, dass die Steuerlast der Familienangehörigen im Erbfall reduziert oder im Idealfall sogar gänzlich vermieden wird.

8 Wann lohnt der Gang zum Spezialisten?

Ist ein Erbfall eingetreten, stehen viele Menschen vor der Frage, ob man einen Spezialisten (Notar, Rechtsanwalt, Steuerberater) einschalten muss oder aber, ob man die Sache ohne Hilfe von außen in Angriff nehmen kann. Nicht zuletzt entscheidend ist dabei auch die Sorge vor zusätzlichen und schlecht kalkulierbaren Folgekosten. Demgegenüber steht allerdings die **Gefahr, ohne Expertenwissen steuerliche oder rechtliche Fallstricke,** die ein juristischer Laie nicht kennt, zu übersehen – Fehler, die in vielen Fällen später nicht mehr rückgängig gemacht werden können, was ebenfalls zu erheblichen wie vermeidbaren Kosten führen kann. Unsere langjährige Erfahrung als FachanwältInnen im Erbrecht lehrt uns: Warten Sie mit der Einschaltung eines Spezialisten auf keinen Fall zu lange. Diese Broschüre kann lediglich ein erster Gedankenanstoß sein, sich mit der Thematik eines bereits eingetretenen oder bevorstehenden Erbfalls zu beschäftigen. Eine Rechtsberatung kann sie auf keinen Fall ersetzen. Ein seriös arbeitender Rechtsanwalt klärt Sie im Rahmen einer Erstberatung zudem sowohl über die Erfolgsaussichten als auch über die Kosten auf. Fragen Sie im Übrigen immer vor der Vereinbarung eines Termins, welche Kosten die Erstberatung auslöst. Üblicherweise erläutert Ihnen Ihr Wunschberater gerne, welcher Betrag auf Sie zukommen kann. Ein Gang zum Spezialisten lohnt also immer, wenn Sie unsicher sind bei der Abwicklung eines Erbfalls oder auch und gerade dann, wenn Sie Ihre eigene Vermögensnachfolge planen möchten.

Glossar

Alleinerbe: Von einem Alleinerben spricht man, wenn nur eine Person die Rechtsnachfolge des Erblassers antritt. Der Alleinerbe tritt rechtlich quasi automatisch beim Erbfall in die Fußstapfen des Verstorbenen und übernimmt dessen gesamte Rechte, aber auch Pflichten.

Annahme der Erbschaft: Wer nach deutschem Recht erben will, muss dafür in der Regel nichts tun, vor allem nicht die Annahme des Erbes erklären. Das nennt man „Von-selbst-Erwerb". Lediglich, wenn man nicht erben möchte, muss man aktiv werden und die Erbschaft ausschlagen. Die Erbschaft gilt als angenommen, wenn sie nicht innerhalb einer Frist von sechs Wochen (bei Fällen mit Auslandsbezug sechs Monate) ausgeschlagen wird, gerechnet ab Kenntnis vom Anfall der Erbschaft und – wenn eine Verfügung von Todes wegen vorhanden ist – ab Kenntnis vom Inhalt der Verfügung.

Auseinandersetzung des Nachlasses: Verteilung des Nachlasses unter den Miterben, nachdem zuvor die Nachlassverbindlichkeiten beglichen worden sind.

Ausschlagung: Egal, ob jemand durch Testament, Erbvertrag oder kraft Gesetzes Erbe geworden ist: Niemand ist gezwungen, diese Erbschaft tatsächlich anzunehmen. Vielmehr kann er die Erbschaft innerhalb einer Frist von sechs Wochen (bei Auslandsbezug: sechs Monate) ausschlagen. Nach Ablauf der Frist ist eine Ausschlagung in der Regel nicht mehr möglich. Lediglich in Ausnahmefällen besteht die Möglichkeit, die Annahme der Erbschaft anzufechten.

„Berliner Testament": In einem „Berliner Testament" setzen sich Eheleute gegenseitig zu alleinigen Vollerben ihres Vermögens ein. Erst wenn beide Partner verstorben sind, werden Dritte (regelmäßig die Kinder) bedacht. Sie werden zu Schlusserben, also Erben des länger lebenden Ehegatten, ernannt. Vorsicht: Die dort getroffenen Regelungen können nach dem Tod des ersten Ehegatten nicht mehr ohne Weiteres geändert werden.

BGB: Bürgerliches Gesetzbuch

Ehegattentestament: Ehegatten können ein gemeinschaftliches Testament errichten. Der Vorteil sind gewisse Formerleichterungen. Es müssen nicht beide Eheleute das gesamte Testament von Hand schreiben. Vielmehr genügt es, dass einer der Ehegatten das Testament handschriftlich niederlegt und der andere Ehegatte die gemeinschaftliche Erklärung eigenhändig mitunterzeichnet.

Eigenhändiges Testament: Die Errichtung eines Testaments ist formbedürftig. Wird es nicht vor einem Notar errichtet, muss das Testament insgesamt eigenhändig geschrieben und unterschrieben werden. Computer- oder maschinengeschriebene Testamente sind daher unwirksam, selbst wenn sie persönlich unterschrieben sind.

Enterbung: Hat der Erblasser einen oder mehrere gesetzliche Erben von der Erbfolge ausgeschlossen oder sie bei der Verteilung des Nachlasses nicht erwähnt, spricht man von Enterbung. Enterbte Personen, die pflichtteilsberechtigt sind, haben dann einen Anspruch auf den Pflichtteil in Höhe der Hälfte des gesetzlichen Erbteils.

Erbe: Ein Erbe wird Rechtsnachfolger des Verstorbenen und tritt in alle seine bestehenden Rechte und Pflichten ein. Das geschieht von selbst. Eine ausdrückliche Annahme der Erbschaft ist nicht erforderlich.

Erbengemeinschaft: Hinterlässt der Erblasser mehrere testamentarische oder gesetzliche Erben, spricht man von einer Erbengemeinschaft. Der Nachlass wird dann gemeinschaftliches Vermögen der Miterben. In der Praxis führen solche Konstellationen oft zu Konflikten, wenn sich die Beteiligten nicht einigen können, wie der Nachlass konkret aufgeteilt werden soll.

Erbfolge: Unter Erbfolge versteht man die Rechtsnachfolge eines Verstorbenen. Der Erblasser legt per Testament oder Erbvertrag fest, welche Personen nach seinem Tod seine Rechte und Pflichten übernehmen sollen. Hat der Erblasser nichts verfügt, tritt die gesetzliche Erbfolge in Kraft (siehe S. 53).

Erblasser: Als Erblasser bezeichnet man den Verstorbenen, in dessen Rechte und Pflichten die Erben eintreten.

Erbquote: Wer nach welcher Quote erbt, hängt von verschiedenen Faktoren ab. Eine Rolle spielt insbesondere, in welchem Verwandtschaftsverhältnis Erbe und Erblasser standen, in welchem Güterstand der Verstorbene verheiratet war und wie viele (gesetzliche) Erben es gibt. Mit Hilfe einer letztwilligen Verfügung (Testament oder Erbvertrag) kann der Erblasser die Erbquoten – unabhängig vom Verwandtschaftsgrad oder Güterstand – selbst festlegen.

Erbschaftsteuer: Unterliegen die Werte, die ein Erbe durch den Tod des Erblassers erhält, der Erbschaftsteuer, ist binnen drei Monaten ab dem Kenntnis vom Anfall der Erbschaft das Finanzamt zu informieren. Zur Anzeige ist jeder, der einen Vermögensvorteil aus dem Nachlass erhalten hat, also Erben, Pflichtteilsberechtigte, Vermächtnisnehmer und Auflagenbegünstige verpflichtet. Maßgeblich für die Höhe der Erbschaftsteuer ist der Wert des Nachlasses nach Abzug der Nachlassverbindlichkeiten.

Erbvertrag: Der Erbvertrag ist eine Verfügung von Todes wegen. Allerdings muss ein Erbvertrag – im Gegensatz zum Testament – zwingend notariell beurkundet werden.

Gesamtrechtsnachfolge: Unter Gesamtrechtsnachfolge oder Universalsukzession versteht man den Grundsatz, dass das Vermögen des Erblassers insgesamt auf die Erben übergeht. Der Nachlassübergang vollzieht sich automatisch und ohne dass es einer gesonderten Annahmeerklärung des Erben bedarf (sog. Von-selbst-Erwerb). Von der Gesamtrechtsnachfolge ist die Sondererbfolge (Singularsukzession) zu unterscheiden. Sie gilt nur in wenigen Bereichen, wie z. B. dem Hoferbenrecht oder bei gesellschaftsvertraglichen Nachfolgeklauseln.

Gesetzliche Erbfolge: Die gesetzliche Erbfolge ist im BGB verankert. Sie bestimmt, wer Erbe wird, wenn es keine letztwillige Verfügung gibt. Gesetzliche Erben sind die nächsten Verwandten des Erblassers und dessen Ehegatte (siehe S. 53).

Güterstand: Das deutsche Recht unterscheidet zwischen drei Güterständen: der Zugewinngemeinschaft, der Gütertrennung und der Gütergemeinschaft. Der Güterstand hat erhebliche Auswirkungen auf die Berechnung der gesetzlichen Erb- und Pflichtteilsquoten.

Letztwillige Verfügung: Unter den Begriff fallen sowohl alle Testamentsformen (Einzeltestament, Ehegattentestament) als auch der Erbvertrag.

Nachlass: Der Nachlass ist die Gesamtheit der Rechtsgüter und Rechtspositionen, die bei Eintritt des Erbfalles vorhanden sind.

Nachlassgericht: Das Nachlassgericht ist das für den Erbfall zuständige Gericht. Im Regelfall ist das das Amtsgericht, in dessen Bezirk der Erblasser seinen letzten Wohnsitz hatte.

Nachlassverbindlichkeiten: Hierunter fallen alle vom Erblasser herrührenden Schulden (Erblasserschulden), aber auch Verbindlichkeiten, die dem Erben selbst durch den Todesfall entstanden sind (Erbfallschulden).

Nachlassverzeichnis: Der Erbe muss dem Pflichtteilsberechtigten ein Nachlassverzeichnis vorlegen, das Angaben zu sämtlichen Nachlassgegenständen und Nachlassverbindlichkeiten enthält. Angaben müssen auch über Schenkungen des Erblassers zu dessen Lebzeiten gemacht werden.

Nießbrauch: Eine lebzeitige Übertragung von Vermögenswerten erfolgt oft unter Nießbrauchsvorbehalt, das heißt, der Geber behält sich vor, den Gegenstand auch weiterhin für sich zu nutzen. Überschreibt beispielsweise ein Vater seiner Tochter eine vermietete Eigentumswohnung, kann er sich vorbehalten, die Mieteinnahmen zu behalten. Die Tochter wird damit zwar Eigentümerin, kann die Mieteinnahmen aber nicht nach freien Stücken für sich nutzen.

Notarielles Testament: Die Errichtung eines handschriftlichen Testaments genügt in der Regel den gesetzlichen Formvorschriften. Eine notarielle Beurkundung des Testaments hat jedoch einige Vorteile. So werden dadurch etwa Zweifel an der Testierfähigkeit des Erblassers ausgeräumt. Zudem ersetzt das notarielle Testament den Erbschein. Nachteilig sind die mit der notariellen Beurkundung verbundenen Kosten. Ein Erbvertrag muss von Gesetzes wegen immer notariell beurkundet werden, um gültig zu sein.

Ordnungsgemäße Verwaltung: Darunter fallen alle Verwaltungsmaßnahmen, die unter Berücksichtigung der Beschaffenheit des Nachlassgegenstandes nach billigem Ermessen dem Interesse aller Miterben entsprechen.

Pflichtteil: Der Pflichtteil garantiert den nächsten Angehörigen des Verstorbenen eine Mindestteilhabe am Nachlass. Der Pflichtteilsanspruch ist ein reiner Geldanspruch in Höhe der Hälfte der gesetzlichen Erbquote. Er errechnet sich anhand des Nachlasswertes nach Abzug aller Verbindlichkeiten.

Pflichtteilsergänzungsanspruch: Um zu verhindern, dass der Erblasser zu seinen Lebzeiten seine Habe verschenkt und dadurch den späteren Nachlass schmälert oder gar auf Null reduziert, sieht das Gesetz einen sog. Pflichtteilsergänzungsanspruch vor. Das Gesetz fingiert, dass Vermögenswerte, die in den letzten zehn Jahren vor dem Erbfall verschenkt wurden, zumindest teilweise noch dem Nachlass zuzurechnen sind. Der Pflichtteil wird dann auf Basis dieser fiktiven Summe berechnet.

Pflichtteilsverzicht: Verwandte des Erblassers oder dessen Ehegatte können durch einen notariell zu beurkundenden Vertrag auf ihren gesetzlichen Pflichtteil verzichten. Oft ist der Verzicht mit einer Abfindung verbunden.

Teilungsanordnung: Der Erblasser kann im Rahmen einer letztwilligen Verfügung Anordnungen für die Auseinandersetzung seines Vermögens treffen. Über Teilungsanordnungen kann er einzelnen Erben bestimmte Nachlassgegenstände zuordnen.

Testament: Unter einem Testament versteht man eine Verfügung von Todes wegen, mit der die Vermögensnachfolge geregelt wird.

Testamentsvollstrecker: Ein Testamentsvollstrecker sorgt – sofern der Erblasser dies letztwillig angeordnet hat – dafür, dass die Anordnungen des Erblassers beachtet werden.

Testierfähigkeit: Unter Testierfähigkeit versteht man die Fähigkeit, ein Testament zu errichten, zu ändern oder aufzuheben. Üblicherweise gelten Personen ab dem vollendeten 16. Lebensjahr als testierfähig.

Übergabevertrag: Im Rahmen eines Übergabevertrags können Vermögenswerte – zumeist Immobilien – auf die nächste Generation übertragen werden. Oft sichert sich der Übergeber dabei durch die Vereinbarung von Rückforderungsrechten und Gegenleistungen (Nießbrauch, Wohnrecht, Rente o. Ä.) im Alter ab.

Verfügungen: Dies sind Rechtsgeschäfte, die auf das Recht am Nachlassgegenstand einwirken, indem dieses Recht aufgehoben, übertragen, belastet oder inhaltlich verändert wird.

Verfügung von Todes wegen: Unter einer Verfügung von Todes wegen versteht man entweder ein Testament oder einen Erbvertrag.

Vermächtnis: Zuwendung eines Vermögensvorteils an einen anderen durch Verfügung von Todes wegen (Testament oder Erbvertrag), ohne diesen als Erben einzusetzen.

Vertrag zu Gunsten Dritter: Ist dadurch gekennzeichnet, dass der Vertragsinhaber den Anspruch aus dem Vertrag einer anderen Person einräumt.

Vorsorgevollmacht: Unter einer Vorsorgevollmacht versteht man ein Dokument, mit dessen Hilfe bestimmt werden kann, wer für den Fall des Unfalls, der Krankheit oder des Todes handlungsbefugt sein soll.

Vorweggenommene Erbfolge: Hierunter versteht man die lebzeitige Übertragung von Vermögen auf eine oder mehrere Personen, die kraft Gesetzes im Erbfall zur Erbfolge berufen wären.

Widerruf eines Testaments: Jedes Testament kann jederzeit widerrufen oder geändert werden, es sei denn, der Betreffende ist nicht mehr geschäftsfähig oder er unterliegt der Bindungswirkung eines Erbvertrages oder eines Ehegattentestaments.

Gesetzliche Erbfolge

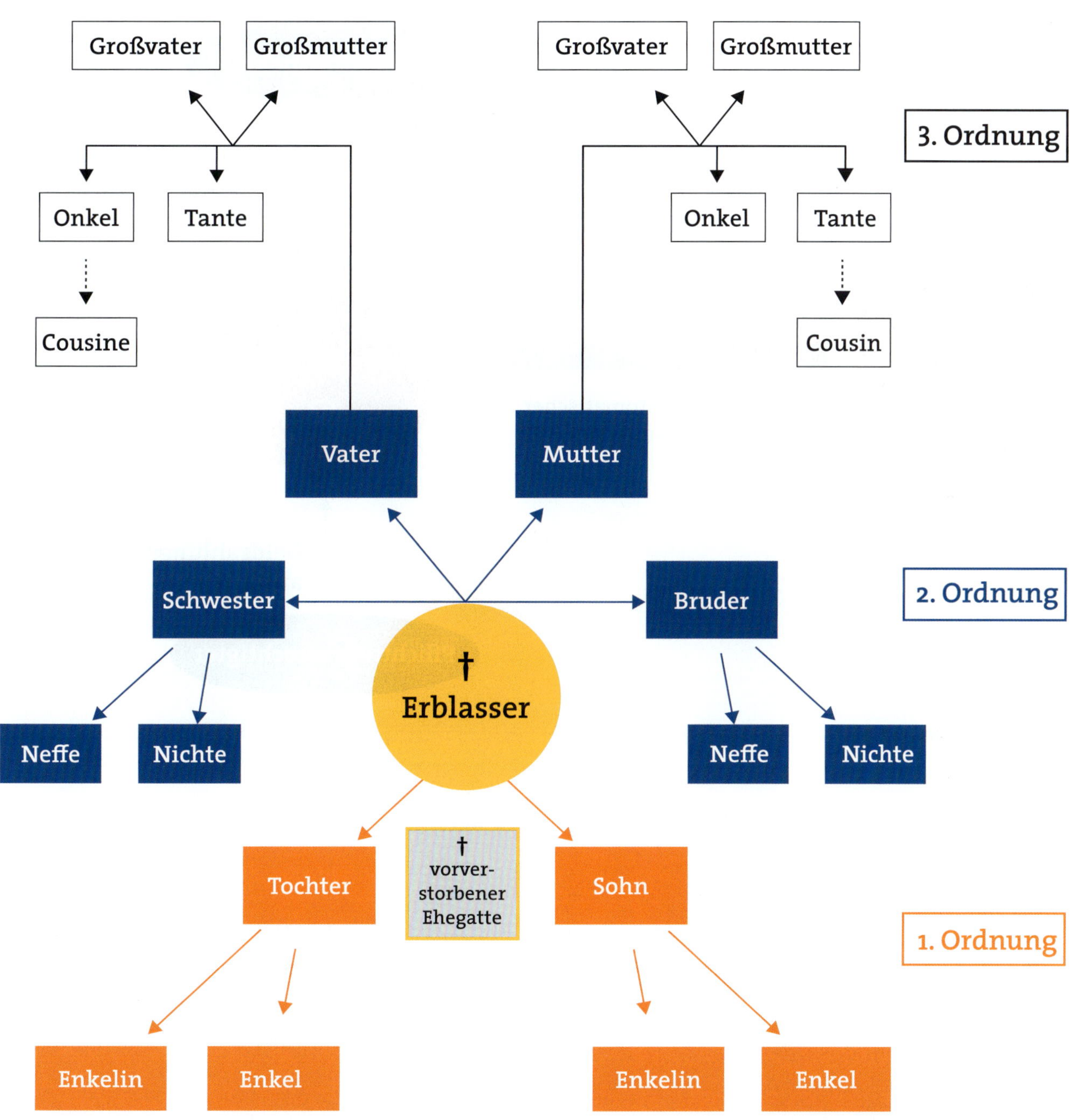

Grafische Darstellung von Erbrecht, Pflichtteilsrecht und Vermächtnis

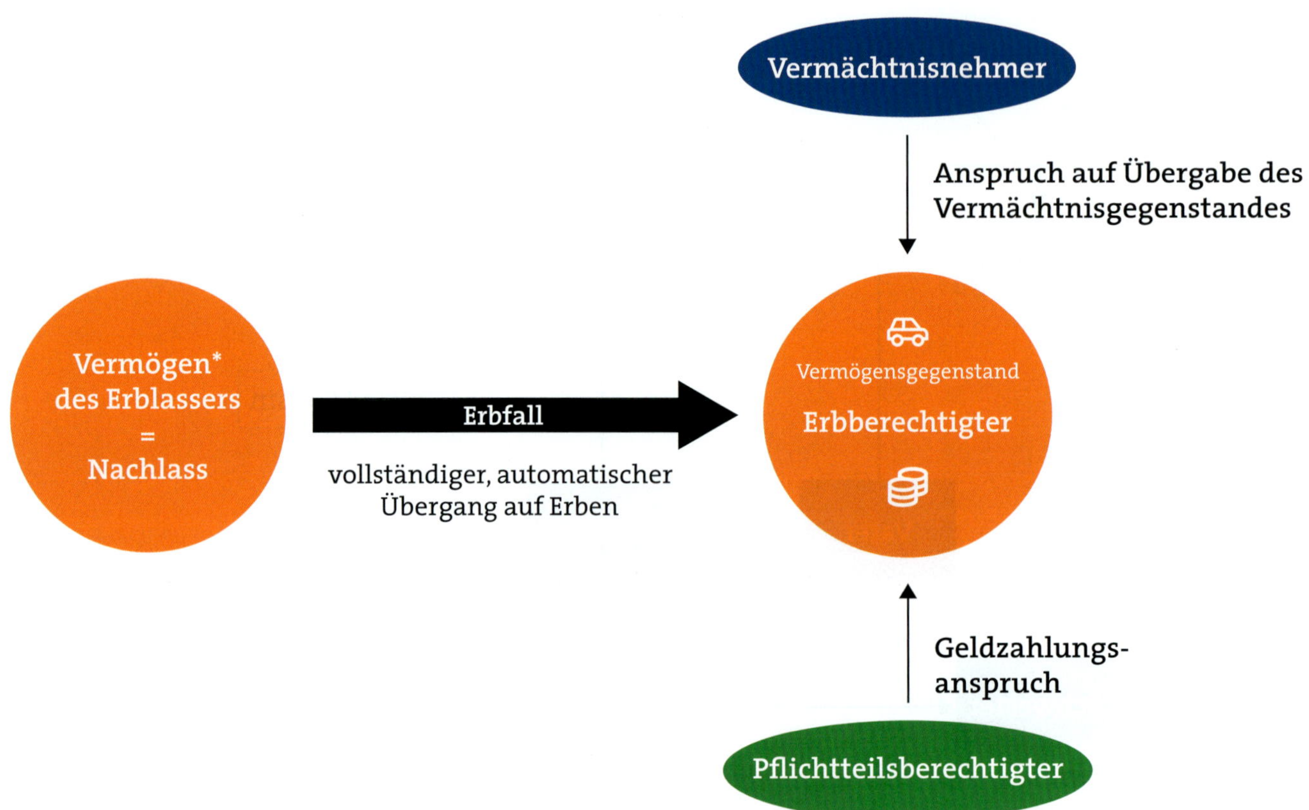

* abzüglich Schulden

Sachregister